서른과마흔사이

오구라 히로시 지음 | 박혜령 옮김

30

서른과 마흔 사이

30대에 이루지 못하면 평생 후회하는 70가지

40

위너스북
WINNERSBOOK

15년 전 그리고 오늘,
변하지 않는 30대의 진검승부

서른이 넘으면 어른이 되어 있을 줄 알았다. 삶에는 일과 현실, 인간관계, 결혼, 꿈이라는 책임만 늘어나고 여러 고민이 따라다닌다.

그런데 마흔이 되어서도 어른이라고 하기에는 아직 어리고, 젊다고 하기에는 이미 나이 든 '어른이' 되었다. 어쩌다 보니 나이 든 어른이다.

지금의 나는 55살이다.

내가 살고 있는 일본의 기업에서는 '역직정년(役職定年)'●을

● 일정 연령이 된 사원이 관리직이나 간부 등에서 물러나 일반직 또는 전문직에서 일하는 제도.

하는 나이다.

학창 시절 친구는 한탄한다.

"이제, 끝났네. 정년퇴직하고 나면 어떻게 먹고살지……."

이들은 커리어의 정점에서 갑작스럽게, 불합리한 이유로 직책을 빼앗기고 급여가 낮아진다. 그리고 60세 정년퇴직까지 5년간 그렇게 지내라는 선고를 받는다.

동창생들이 한탄하는 소리를 들어도 나는 아무 말도 하지 못한다.

33살에 대기업에서 퇴직하여 벤처 기업 임원이 되었고, 38살에 창업한 나에게 '역직정년'은 물론 '정년퇴직'도 없기 때문이다.

이들과 다른 처지에서 살아가는 내가 무슨 말을 할 수 있을까?

바로 '서른부터 마흔까지의 10년을 어떻게 보내느냐'에 따라 그 후의 모든 인생이 결정된다고 강조하고 싶다. 태어나면서부터 20대까지가 배움과 수업의 시기였다면 30대는 그야말로 본격적인 인생이 펼쳐지는 시기다. 따라서 30대에는 자신의 인생 전체를 걸고 진검승부를 펼쳐야 한다.

55살인 나는 지금 커리어의 정점에 있으면서도 이를 계속 경신해야 하는 상황 속에 있다.

55살인 나는 지방 도시에서 작은 자동차를 타며, 집에서 식사하는 행복을 음미하고 있다.

55살인 나는 앞으로 새로이 시작될 일과 새로 배울 취미에 가슴이 두근두근 뛴다.

55살인 나는 75살까지 온 힘을 다해 지금 하는 일을 계속하며 살고 싶고, 계속하리라 결심한다.

이 모든 것은 30대에 수년간 경험한 업무와 일상생활 속에서 겪은 모험 덕분이다. 이 책을 손에 든 당신이 55살이 되었을 무렵에, 지금의 나와 같거나 그 이상으로 두근거림을 느끼게 할 힌트를 찾는다면 기쁠 것 같다.

과거와 현재, 그리고 미래의 독자 여러분께 말한다.

15년 동안 『서른과 마흔 사이』를 사랑해 주신 데 감사를 표하며, 학교에서 가르쳐주지 않는 진짜 인생 이야기가 궁금하다면 이 책을 읽어보라고 말이다.

2024년 5월 오구라 히로시

서른 살부터
진검승부가 펼쳐진다

당신의 20대가 어떤 모습이었는지는 내 관심 밖이다.

20대까지는 단연코 수업과 배움의 시절이기 때문이다. 제아무리 20대에 뛰어난 성취를 얻었다 할지라도 그것은 학교교육의 연장선상에 있을 것이다. 남보다 외국어를 더 능통하게 구사하거나, 남보다 더 해외 연수를 많이 받았다거나, 남보다 먼저 부러워할 만한 대기업에 입사한 것 정도로는 결코 인생이 결정되지 않는다.

인생의 진검승부는 30대에 펼쳐진다. 20대에는 제아무리 빨라 봤자, 또래보다 3~4년 정도 앞설 뿐이다. 하지만 30대에 들어서면 이야기가 달라진다. 30대의 10년이라는 시간을 어떻게 보내느냐에 따라 남은 인생의 모두가 결정된다. 30대에도 여전히 20대의 혈기와 낭만적 생각, 구체화되지 않은 막연한 비전과 꿈을 고집한다면, 돌이킬 수 없는 나락으로 떨어져 다시는 특별한 삶을 누릴 수 있는 기회를 얻지 못할 것이다.

이는 나만의 예외적인 주장이 아니다. 내가 만난 수천 명에 이르는 CEO들은 대부분 20대에는 열등생이었다. 좀 더 정확히 말하자면 시행착오를 거듭하는 실수투성이였다. 하지만 30대에 들어서면서 눈빛이 달라졌고, 진정 자신이 원하는 것이 무엇인지 몸으로 부딪혀가며 발견해냈다. 그리고 그 발견을 진정한 성취로 이끌기 위해 탁월한 전략들을 세우고 그것들을 하나하나 실천해나갔다. 그리고 마흔에 이르러 드디어 자신만의 참된 인생을 찾아 순풍에 돛 단 듯 항해할 수 있었다.

그들은 말한다.

"인생에서 가장 중요한 시절을 꼽으라면 단연 서른과 마흔 사이의 30대입니다. 20대까지는 선배들에게서 배우는 시기입니다. 하지만 30대에는 자기주도적 삶이 펼쳐집니다. 즉 자기 자신이 스스로 알아서 배우고, 깨우치고, 실행하지 않으면 그 누구도 도와주지 않는다는 뜻입니다. 그래서 많은 사람들이 당황합니다. 특히 캠퍼스의 낭만에 젖어 있던 사람들은 더욱 그렇습니다. 그래서 서른을 청춘의 종착역으로 규정하고는 모든 인생이 끝났다는 듯 체념하기도 합니다. 하지만 서른이란 나이는 결코 종착역이 아닙니다. 서른은 모든 것을 새롭게 시작하는 출발점입니다. 30대는 인생의 절정기이자 황금기이자 혁명기입니다. 수업시절의 모든 습관과 마음가짐을 혁명가의 자세로 바꿔놓지 않으면 남은 인생은 끝 모를 어두운 터널이 되고 맙니다. 20대에 남보다 몇 발자국 앞섰다고 우쭐댈 일도 아니요, 남보다 몇 발자국 뒤졌다고 낙담할 일도 아닙니다. 누구에게나 서른이란 나이는 공평하게 주어집니다. 모든 걸 깨끗이 지워내고 다시 스타트라인에 서야 합니다."

당신이 어떤 모습으로 20대를 통과했는지 내 관심 밖이라고 말한 의미를 이제 깨달을 수 있겠는가? 그렇다, 지금 당신이 서른의 강을 건너고 있다면, 낙담과 좌절은 금물이다. 20대에 가졌던 고민과 번민 또한 단숨에 깨끗하게 잊어야 한다. 그렇게 손가락만 깨물며 앉아 있을 시간이 없다. 30대에 가장 중요한 것은 당신만의 '액션 플랜'이다.

이 책은 바로 30대를 맞이한 당신에게 가슴 뛰는 액션 플랜을 제공하기 위해 출간되었다. 당신보다 먼저 30대를 빛나는 발걸음으로 통과한 선배들의 울림 깊은 메시지들을 담고 있다. 30대에 알지 못하면, 깨닫지 못하면, 이루지 못하면 평생 후회하는 일들에 대해 보석 같은 조언들을 담고 있다. 이 책의 효용을 단 한 문장으로 요약하자면 다음과 같다.

'지금 당장 시작하라!'

우리가 우리의 일과 삶에서 프로페셔널이 되어야 한다는 것은 자명하다. 그렇다면 자기 인생의 주체로서 모든 역경과 시련을 당당하게 헤쳐 나가는 프로페셔널은 언제 완성될까? 바로 인생의 절정기인 '30대'에 완성된다. 30대를 어떻게 보내느냐에 따라 전체 인생의 밑그림과 청사진이 송두리째 달라진다.

그럼에도 불구하고 많은 사람들이 30대를 그저 20대의 연장 선상에서 통과하고자 한다. 본격적인 인생의 진검승부가 숨 돌릴 틈 없이 펼쳐지는 30대를 별다른 준비 없이 지나가고자 하는 사람에겐 그 어떤 기회도 없다. 서른이 된다는 건 지금까지와는 전혀 다른 세계의 관문 앞에 발가벗겨진 채 던져진다는 의미다.

다시 말해 지금까지와는 전혀 다른 새로운 옷을 입고, 새로운 걸음걸이로 당당하게 직립보행해야 한다는 뜻이다. 자신의 꿈과 목표를 보다 구체적이고 명징하게 세팅하고, 거기에 이를 수 있는 새로운 열정과 에너지를 쏟아 부어야 하는 시절이 바로 30대. 주위를 둘러보라. 당신이 부러워할 만한 성공을 이룬 사람들은 모두 30대에 그 단초와 역량을 쌓은 사람들이다.

이 책은 남다르고 탁월한 준비와 전략을 통해 자신의 삶과 일터를 풍요하게 가꾼 30대 프로페셔널들의 성공 노하우를 담고 있다. 단 1분 1초도 평범해지기를 거부하고 인생의 메인 스트림을 향해 끊임없이 질주한 빛나는 분투기를 담고 있다. 30대를 눈부시게 통과한 선배들이 이제 막 서른의 강에 발을 담근 후배들에게 선물하는 지혜와 깨달음을 담고 있다.

당신 인생의 전체가 결정되는 서른과 마흔 사이에 당신이 이루어야 할 최고의 인생전략들을 담고 있는 이 책이 당신의 가장 지혜로운 항법사이자 나침반이 되어주기를 진심으로 바라마지 않는다.

오구라 히로시

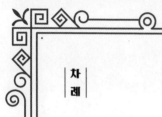

차
례

1장 낡고 오래된 습관을 떠나지 못하는 당신에게

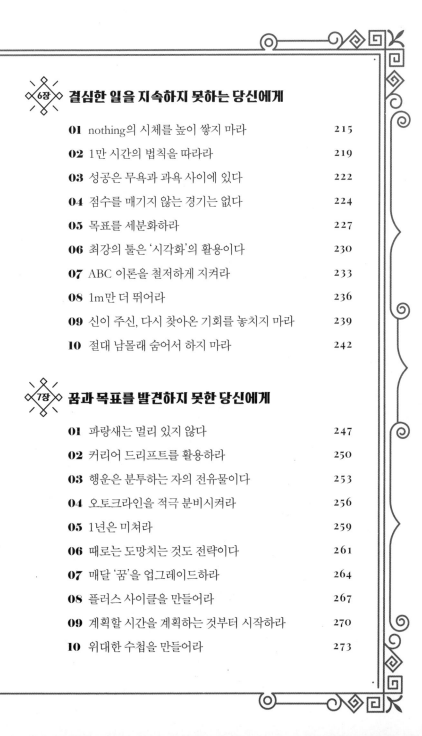

1장

낡고 오래된
습관을
떠나지 못하는
당신에게

01

땅만 보고 걷는 자,
결코 멀리 가지 못한다

땅을 보면서 걷다가 문득 고개를 들어보니 서른을 지나고 있지는 않은가? 그러고는 또다시 고개를 푹 숙인 채 가던 길을 계속 가고 있지는 않은가? 걱정하지 마시라. 이 시대를 살아가는 많은 사람들이 그렇게 길을 걷는 데 익숙하다. 나 또한 그런 포즈로 수천 킬로미터를 걸었던 적 있다. 아직 너무나 젊은 탓에, 하여 너무나 눈부신 탓에 하늘보다는 바닥을 보며 걷는 것이다. 희망과 기대, 설렘을 바라보기보다는 절망과 좌절, 걱정과 고민을 외투처럼 껴입을 수밖에 없는 나이가 바로 서른 즈음이다.

하지만 한 가지를 명심하라. 땅만 보고 걸으면 멀리 가지 못한다는 사실을.

인생이란 먼 길을 가려면 구두끈을 단단히 조일 때를 제외하 곧 결코 허리를 굽히거나 고개를 숙여서는 안 된다는 사실을. 그리고 생각해보라. 당신이 20대에 가졌던 걱정이나 고민들 가운데 실제로 지금 당신의 삶에 중요한 영향을 끼치고 있는 것들이 과연 얼마나 있는가?

도쿄 대학에서 실시한 실험에 따르면, 사람이 20대에 깊이 천착했던 고민들 가운데 가치가 있는 것은 겨우 5%에 지나지 않는다고 한다. 걱정거리의 95%는 삶에 어떤 영향도 주지 않았으며, 실제로 일어나지도 않은 채 기억의 뒤편으로 사라졌을 뿐이다.

'지금 와서 생각해보면 결코 고민할 가치도 없었던 것들은 무엇인가?'라는 질문에 실험에 참가한 30~40대 응답자들은 다음과 같은 것들을 꼽았다.

- 명문대학에 진학하지 못했다는 고민
- 부모님의 조기 사망에 대한 두려움
- 대학 졸업 후 진로에 대한 걱정
- 88만 원 세대로 전락할 것 같은 불안감
- 적성과 꿈에 맞지 않는 직업을 선택할 것이라는 압박감
- 나를 도와줄 사람이 별로 없다는 외로움
- 결국 언젠가는 애인과 헤어질 것이라는 막연한 느낌

- 암에 걸릴 것이라는 공포

- 어렵게 입사한 회사가 도산할지 모른다는 부정적 생각

- 마흔 살이 넘으면 구조조정을 당할 것이라는 두려움

- 호감을 주지 못하는 외모 콤플렉스

어떤가? 이 같은 걱정과 고민으로 당신은 오늘도 땅바닥을 바라보며 걷고 있는 건 아닌가? 미안하지만 이러한 문제들은 실험결과에서도 알 수 있듯이, 전혀 고민할 가치가 없는 것들이다. 만일 이 같은 문제들이 서른의 길목을 지나고 있는 지금까지 여전히 고민할 가치가 있는 것들이라면, 세상은 극심한 혼란과 두려움에 휩싸여 하루하루를 고통 속에서 보내고 있을 것이다. 하지만 주위를 둘러보라. 30대의 젊은 나이에, 또는 40대에 눈부신 인생을 살고 있는 사람들이 발견될 것이다. 그들은 20대의 어깨를 짓누르던 이 같은 문제들을 모두 해결한 것일까? 결코 그렇지 않다.

앞에서도 설명한 바와 같이, 20대에는 누구나 쓸데없고 고민할 가치가 없는 문제들을 껴안고 산다. 학교에서는 배울 수 없는 '어른'이라는 세계 앞에 느닷없이 발가벗겨져 던져졌기 때문이다. 그리고 그때부터 진짜 인생이 시작된다. 어떤 사람들은 벌거숭이 20대를 지나 서른에 진입하며 '현명함'의 옷을 차려

입는다. 반면에 어떤 사람들은 계속 벌거숭이로 지낼 뿐이다. 모든 성공과 실패가 바로 여기에서 판가름 난다.

즉 당신이 갖고 있는 고민의 95%에는 해답이 없다. 따라서 그러한 고민들에 직면했을 때는 답을 구할 것이 아니라, 고민 그 자체에서 벗어나야 한다. 이것이 곧 현명한 서른의 출발점이다. 고민을 화두처럼 붙잡고 있지 말고, 고민 너머의 푸른 희망을 바라볼 수 있어야 한다. 서른과 마흔 사이에 당신이 가장 먼저 해야 할 일은 땅바닥을 보며 고민의 답을 찾기보다는, 고개를 들어 하늘을 보는 것이다.

명심하라, 성공한 사람들은 고민을 해결한 사람들이 아니다. 고민을 있는 힘껏 푸른 하늘에 던져버린 사람들이다.

02

과거에게
먹이를 주지 마라

고민과 걱정은 언제나 과거지향적이다. 과거지향적인 사람은 몸도 마음도 늘 뒷걸음질 친다. 그리고 모든 뒷걸음은 후회와 상처를 남긴다. 뒷걸음질 치지 않는 방법은 단 한 가지다. 즉 '과거와의 결별'이다.

나 또한 서른 즈음에 좀 더 잘할 수 있었지만 그렇게 하지 못했던 일들에 대한 후회와 상처에 발목을 잡혀 있었다. 비유하자면 '지금 알고 있는 것을 그때도 알았더라면…'과 같은 생각에 사로잡혀 한 발자국도 앞으로 나아가지 못하고 있었다. 별반 기대 없이 들어간 직장에서 별반 기대 없는 날들을 심드렁하게 맞이하며 하루하루를 연명했다.

'좀 더 열심히 공부했었더라면…'

'좀 더 영리하게 사람을 사귀었더라면…'

'세상의 변화를 좀 더 일찍 깨달았다면…'

'좀 더 넓은 세상을 여행했더라면…'

그러던 어느 날, 40대 초반에 대기업 이사로 파격 승진한 학교 선배를 만났다. 그는, 그를 알고 있는 모든 사람의 선망의 대상이었다. 나는 그에게 당시 내가 겪고 있었던 서른 즈음의 무미건조함과 앞이 보이지 않는 고민에 대해 털어놓았다. 그러자 그는 빙긋 웃으며 다음과 같은 말을 들려주었다.

"내가 30대를 후회 없이 보낼 수 있었던 건 단 하나의 메시지 때문이었네. 그건 바로 '과거에게 먹이를 주지 마라'였네. 과거는 누구도 되돌릴 수 없지. 그럼에도 과거에 자꾸 먹이를 주면 미래를 키울 양식이 바닥나고 만다네."

그의 말을 듣는 순간, 나는 찬물 한 바가지를 머리에 뒤집어쓴 느낌이었다. 정신이 번쩍 났다. 그렇다, 과거는 그 누구도 되돌릴 수 없다. 되돌릴 수 없는 과거에 먹이를 주어 자꾸만 그 몸통의 굵기를 불리는 건 아무런 의미와 가치가 없는 일이다.

그는 또한 다음과 같이 덧붙였다.

"하지만 막상 과거에 먹이를 주지 않기란 쉽지 않은 일이지.

후회는 언제나 예측할 수 없는 파도처럼 불쑥불쑥 우리의 인생을 덮치게 마련이니까. 그럴 때는 다음과 같이 하면 효과적이라네. 즉 '생각을 멈추는 것'일세. 물론 이 또한 결코 쉽지 않지. 나도 처음에는 생각을 멈추지 못해 몇 시간이고 무의식적으로 과거에 젖어 있곤 했으니까. 하지만 방법은 그뿐이라네. 아주 사소한 일일지라도 지금 당면한 일에 정신을 온통 집중해보게나. 청소를 한다거나 설거지를 할 때도 아주 최선을 다해 그 일에 집중하게. 그러면 생각할 겨를이 없어지고, 시간을 매우 알차게 활용했다는 느낌이 들거야. 바로 그 느낌이 중요하네. 그 느낌을 지속적으로 유지하는 훈련을 반복하면 결코 과거에 먹이를 주는 일 따위는 하지 않게 될 걸세."

과거에게 먹이를 주는 생각을 그만둔 후 나의 30대는 거짓말처럼 달라졌다. 하루하루가 소중했고, 잠자리에 들면 유쾌하고 행복한 피로가 엄습하면서 숙면을 취할 수 있었다. 해야 할 일이 산더미인데, 되돌릴 수 없는 과거로 뒷걸음질 치면 산더미는 결코 넘을 수 없는 높이로 자라난다.

지금도 나는 과거의 후회가 떠오르면, 그 즉시 멈춰 서서 나 자신에게 큰 소리로 명령을 하곤 한다.

"멈춰! 스톱!"

상처는 저절로 아물게 마련이다. 우리에게 필요한 치유는 오

늘, 그리고 내일이다. 어떤 경우에도 결코 과거에게 먹이를 주
지 마라.

03

행운의 어머니는
불운이다

과거에게 더 이상 먹이를 주지 않을 만큼 자유로워졌다면, 이제 그보다 한 단계 높은 수준의 일에 도전해보자.

과거를 부정하거나 지워버리고자 애쓰기보다는 이를 재해석하고 고쳐서 '다행이다! 행운이다!'라고 받아들이는 것이다.

내 나이 35살 때 일이다.

사무실 계단에서 발을 헛디뎌 그만 오른팔이 부러지는 중상을 입은 적이 있었다. 그래서 업무의 대부분을 처리하는 컴퓨터를 쓸 수 없었다. 잠시 잠깐, 나는 침통함과 비탄에 빠져 있었다. 그러다가 다시 화들짝 놀라 정신을 차린 후 생각을 바꾸기로 결심했다.

'팔이 부러진 건 불운이 아니다. 팔만 부러진 것은 정말 행운

이 아닐 수 없다!'

그러고는 팔만 부러진 행운을 어떻게 활용할 것인지 모색하기 시작했다.

먼저 나는 회사에 병가를 얻고자 직속상사와 상담을 했다. 당시 팀장으로 일하고 있던 내게 상사는 다음과 같은 제안을 했다.

"자네가 지금껏 우리 회사를 위해 열과 성을 다해 일해주었다는 건 삼척동자도 다 아는 일이지. 팔이 부러져 컴퓨터를 쓸수 없으니 병가를 주어야 하는 건 당연한 일이라네. 하지만 자네의 실수로 부상을 입은 만큼, 병가를 내면 회사로서는 규정상 '무급無給'으로 처리할 수밖에 없다네. 그래서 하는 말인데… 이렇게 하면 어떻겠나? 오전에만 출근해서 팀원들과의 회의, 그리고 부서 확대회의 등에만 참석하고 오후에는 퇴근하는 게 어떤가? 그렇게 한다면 자네의 월급은 그대로 지급하도록 내가 처리해놓겠네."

나는 감격했다. 팔이 부러지고 나서야 회사가 나를 어떻게 생각하는지를 알게 되었다. 나는 부상에서 회복하기까지의 두 달동안 오전에만 출근했고, 오후에는 집으로 돌아와 그동안 바빠서 읽지 못했던 책들을 실컷 읽었다. 실로 값진 재충전이 아닐수 없었다. 세계적인 석학들과 성공한 CEO의 책들을 탐독하면서 내 삶은 더욱 풍요로워졌다. 당시의 독서가 업무 복귀 후 새로운 성장의 밑거름이 된 것은 두말할 필요도 없다.

당시 읽었던 CEO들의 성공담 가운데 나는 다음의 한 문장에 전율했고, 지금까지 이를 소중하게 간직하고 있다.

'행운의 어머니는 불운이다.'

그렇다, 모든 행운은 불운이 낳은 결과다. 불운이 없으면 행운 또한 존재할 수 없다. 우리의 일과 삶은 이처럼 동전의 양면과 같은 가치의 쌍들로 이루어져 있다. 그 어떤 불운도 뒤집으면 행운이 되고, 그 어떤 행운도 뒤집으면 불운이 되고 마는 것이다. 어찌보면 불운과 행운은 샴쌍둥이일 수도 있다.

그후 샐러리맨 생활을 청산하고 벤처기업의 임원이 되었을 때의 일이다.

정말 놀라웠던 것은 만나는 CEO마다 모두 너무나도 긍정적인 마인드의 소유자들이었다는 사실이다. 제아무리 최악의 상황이 닥쳐도 그들의 반응은 한결같았다.

"오구라 씨, 정말 다행이네요!"

처음에 나는 그들의 심중을 이해하지 못해 당혹스럽기까지 했다. 하지만 만나는 CEO마다 한 사람도 빠짐없이 마치 기계처럼 똑같은 반응을 보이자 거기에 점점 익숙해지기 시작했다. 어느덧 나 또한 무슨 일이 생겨도 늘 긍정과 감사의 마음으로 이를 받아들이기 시작했다. 인생에서 가장 값진 행운은 바로

'긍정'이라는 사실을 깨달았고, 이를 운명처럼 받아들이는 사람들만이 성공한다는 진리를 깨우쳤다.

서른 살을 통과하면서 당신에게 가장 힘이 되는 행운을 가졌는가? 아직 갖지 못했다면 당신의 과거를 행운의 등불로 삼아라. 지금 당장 그 등불을 들어보라, 새로운 인생의 길이 당신의 눈앞에 황금 들판처럼 펼쳐질 것이다.

04

리프레이밍의
기술을 익혀라

만일 당신이 상사에게 실수를 지적받고 야단을 맞았다고 하자. 그러면 당신은 먼저 당신의 잘못을 인정할 것이다. 그리고 상사의 질책에 사과를 하고 곧 침울해질 것이다.

자, 여기서 질문 하나를 던져보자. 당신은 왜 우울한가?

"오구라 씨, 그걸 질문이라고 하십니까? 당연히 상사에게서 불호령을 맞았으니 우울한 거죠!"

아마도 당신은 이렇게 대답할 것이다. 하지만 사실은 그렇지 않다. 상사의 지적을 받아 우울한 것이 아니라, 당신 스스로 우울한 반응을 선택했기 때문이다. 결코 상사 때문에 우울한 것이 아니다. 이는 매우 중요한 의미를 함축하고 있다.

주위를 둘러보라. 상사에게 야단을 맞아도 휘파람을 부는 동료도 있다. 물론 매일같이 상사에게 질책을 당함에도 불구하고 아무렇지도 않게 생활하는 사람이 있다면, 그는 무능한 사람이다. 그는 결국 머잖아 짐을 싸서 회사를 떠나게 될 것이다. 따라서 그런 사람은 예외로 하자.

분명한 잘못과 실수가 있었고, 이를 발견한 상사가 상식적인 수준에서 야단을 친다면, 당신 또한 휘파람을 불어야 한다. 아, 상사 앞에서 휘파람을 불라는 것이 아니다. 야단을 친 상사 앞에서는 씩씩한 목소리로 '지적해주셔서 감사합니다. 앞으론 명심하겠습니다!'라고 답변한 뒤 상사의 방을 빠져나오면서 휘파람을 불라는 것이다.

글로벌 컨설팅 기업인 맥킨지Mckinsey에서 대기업 중간간부들을 대상으로 설문조사를 벌인 적 있었다. 이 조사결과에 따르면, 가장 끌어주고 키워주고 싶은 부하사원으로 '언제나 쾌활하고 적극적인 사람'이 첫손에 꼽혔다.

즉 실수투성이라 할지라도 상사의 지적에 즉각 반응하고 씩씩하고 적극적으로 대처해나가는 부하를 상사들은 가장 키워주고 싶어하는 것이다. 상사가 조금만 뭐라고 해도 당장 싫은 내색을 하거나 한껏 오그라들어 침울해하는 부하는, 상사에게 어떤 매력도 제공하지 않는다. 그런 부하는 상사에게 많은 부담으로 작용한다. 부하의 실수를 개선시켜 유능한 조직원으로 성장시켜주기보다는, 어떻게든 그런 부하는 떠나보내고자 하거나 멀리하려 한다.

나와 친분이 있는 한 기업의 CEO는 30대 직장인들에게 다음과 같은 조언을 들려준다.

"30대에는 목소리가 큰 사람이 결국 이깁니다. 지적받거나 야단을 맞으면 못 견뎌하고 괴로워하는 사람들이 많습니다. 하지만 그런 사람들은 결국 메인 스트림에서 낙오하고 말죠. 상사의 지적에 쾌활하게 답변할 줄 알고, 이를 통해 뭔가 배우고자 하고, 나아가 상사의 지적을 상사의 남다른 '관심'이라고 받아들일 줄 아는 사람은 언젠가 반드시 승리합니다."

자, 이쯤에서 당신은 다시 반문할 것이다.

"상사의 야단에 쾌활하게 대처하거나 우울하게 대처하는 건 결국 성격상의 문제가 아닌가요? 타고난 낙천가도 있고, 좀 부정적이고 비관적인 사람도 있게 마련이니까요."

물론 당신의 말도 일리가 있다. 하지만 안타깝게도 세상 모든 직장은 결코 조직원 개개인의 다양한 성격을 일일이 배려하지 않는다. 조직에 맞는 성격만을 대우할 뿐이다. 많은 젊은 직장인들이 이 중요한 사실을 간과하곤 한다.

심리학에서는 '리프레이밍reframing(관점의 전환)'이란 용어가 있다. 이는 '대처기술coping skill'이라고도 한다. 리프레이밍은 후천적 훈련을 통해 성격을 변화시킬 수 있는 효과적인 기술이다. 새카만 안경을 쓰고 보면 세상이 암흑처럼 보인다. 그러나 밝은 핑크색의 안경을 쓰면 세상은 핑크색이 된다.

안경의 렌즈를 바꾸듯 당신 또한 세상을 바라보는, 그리고 자신을 바라보는 관점을 리프레이밍해보면 어떨까? 리프레이밍에 따라 이 세상의 색깔을 당신이 원하는 색깔로 물들일 수 있다. 30대에 꼭 해야 할 일이 있다면, 리프레이밍의 기술을 익히는 것도 그들 가운데 중요한 훈련이다.

05

눈앞에 존재하는 것에
몰입하라

30대는 정말 눈코 뜰 새 없이 바쁘다. 인생에서 가장 왕성하게 활동하는 시절이기 때문이다. 그래서 30대는 쏜살같이 지나간다. 30대가 느릿느릿하게 지나간다고 느끼는 사람이 있다면, 분명 그에게는 어떤 문제가 있다는 신호다.

한 웨딩 컨설팅 회사에서 여성 직장인들을 대상으로 다음과 같은 질문을 던졌다.

'당신이 몸담고 있는 회사에서 어떤 남성에게 가장 끌립니까?'

그러자 응답자들은 '자신의 일에 몰입해 있는 남성'을 으뜸으로 꼽았다. 그렇다, 30대만큼 일과 자신의 몸과 마음이 혼연일체가 되는 시절도 드물다. 그리고 이 같은 몰입은 마침내 40대에 이르러 탁월한 보상을 받게 마련이다.

그럼에도 많은 젊은 직장인들이 자신의 일에 몰입하지 못하는 경우가 많다. 그 이유들 가운데 가장 핵심적인 것은 곧 '일어나지도 않을 일에 대한 고민'때문이다. 탁월한 커리어를 쌓기 위해 1분 1초가 아까운 그 시절에, 문득문득 삶을 파고드는 미래에 대한 불안과 걱정으로 일손을 놓고 멍하니 허공을 바라보고 있다면? 그러한 사람의 40대는 결국 30대에 가졌던 막연한 불안과 걱정이 현실로 이루어지고 만다.

내 어머니 또한 젊은 시절, 늘 걱정을 안고 살았다. 병에 걸리면 어떻게 하지? 직장을 잃으면 어떻게 하지? 노후의 생활은 어떻게 하지? 언제나 안 좋은 일만 상상하고 걱정을 했다. 나는 어린 나이에도 그것이 신기했다. 왜 그런 나쁜 결과만 생각하는 것일까? 혹시 어머니는 나쁜 일을 떠올리는 것을 좋아하는 건 아닐까 싶을 정도로 어머니는 부정적인 사고방식에 젖어 있었다. 그러다가 훗날 어머니는 임종을 맞이한 자리에서 장성한 나의 손을 붙잡고 다음과 같은 유언을 남기셨다.

"내 사랑하는 아들아… 일어날지, 안 일어날지 모르는 일은 결코 걱정할 필요가 없단다. 결국 내게 아무 일도 일어나지 않은 채 여기까지 왔구나."

의미 없는 일에 시간을 낭비하고 마음을 빼앗기고 의욕을 잃는 것은 이제 그만두자. 당신이 아무리 의욕이라는 와인을 마음속에 따라도 와인 잔의 구멍에서 와인이 줄줄 새어나갈 뿐이다. 지금 당신이 해야 할 일은 와인을 따르는 것이 아니다. 먼저 고민이라는 와인 잔의 구멍을 막아야 한다. 가장 먼저 부정적인 생각을 하지 않는 것부터 시작하라.

내 친구는 불황에 허덕이는 건축업계의 한 중소기업에서 일하고 있다. 그는 술을 마실 때마다 푸념을 늘어놓는다.

"이대로라면 우리 회사도 위험해. 마흔이 넘은 나이에 전직을 하기도 어려울 것이고… 흠, 주택대출금은 어떻게 하지? 아이들 학자금은? 장사라도 해야 하나? 아니, 이 불황에 장사가 될 리 있을까?"

이제 당신은 알 것이다. 그는 질문을 하는 방법 그 자체가 틀렸다. 단지 불황이고 위기라는 이유로 온갖 부정적인 생각이 꼬리에 꼬리를 물고 나타난다. 자신의 힘으로 해결할 수 없는 일은 절대 걱정하지 마라. 그 대신 자신의 힘으로 해결할 수 있는 일에 몰입하고 집중하라.

회사와 운명을 같이 하겠다면, 위기에 빠진 회사를 구하는 데 최선을 다하라. 회사를 옮기겠다면, 구직활동에 집중하라. 그것만 생각하면 된다.

30대에는 생각에 잠긴 사람보다 일에 잠긴 사람이 훨씬 더 매력적이다. 자신의 일에 몰입과 집중을 잘하는 사람은 어디를 가도 환영받게 마련이다. 무슨 일을 해도 잘하게 마련이다. 30대에 자신의 일에 탁월함을 갖추면, 40대에는 무서울 것이 없다.

06

한 권의 책을
100번 읽어라

마하트마 간디는 다음과 같이 말했다.

"사람은 되고 싶다고 생각한 대로 된다."

자동차왕 헨리 포드는 또 다음과 같이 말했다.

"성공을 거머쥐는 방법은 단순하다. 된다고 생각하면 되고, 안 된다고 생각하면 안 된다."

비단 이들뿐 아니다. 인류의 역사와 세상을 바꾼 수많은 현인들은 모두 이와 같은 말을 남겼다. 즉 인간은 자신이 생각한 대로 된다. 스스로 자신을 규정하는 정체성에 따라 자아가 완성되어 간다.

시중 서점에 나가보면 젊은 30대를 위한 자기계발서들이 풍성하게 진열되어 있다. 그 책들에 등장한 성공한 사람들의 공통점은 한 가지로 귀결된다.

'성공하고 싶다면 자신의 모습을 마음에 새겨야 한다.'

즉 성공한 사람들은 끊임없이 '긍정적 암시affirmation'를 반복하고 이미지를 그려본다. 그렇게 잠재의식 속에 목표를 새긴다. 이를 습관화하면 잠을 자는 동안에도 깨어 있는 시간에도 잠재의식 속에서 그것을 실현하기 위해 최선을 다해 노력하게 된다. 그리고 의식 이상의 큰 힘을 가진 무의식이 마침내 행동을 변화시킬 것이다. 이를 통해 자신이 상상한 것과 같은 인간이 되어간다.

이처럼 중요한 메시지를 담고 있는 자기계발서들에 대한 비판도 만만치 않다. 즉 많은 독자들은 책장을 덮고 다음과 같이 탄식한다.

'뭐야, 뻔한 얘기들이잖아?'

하나같이 천편일률적이고 뻔한 얘기들이라고 생각하는 이유는 뭘까? 그렇다, 책을 머리로 읽기 때문이다. 열정과 긍정을 갖고 책을 읽지 않기 때문에 가슴에 와닿지 않는 것이다. 세상에 로또 당첨번호와 같이 성공 당첨번호를 하나하나 알려주는 책은 없다. 성공한 사람들의 독서목록은 당신의 독서목록과 별반 다를 것이 없다. 성공한 사람들만 읽는 '비서秘書'는 존재하지 않는다. 그럼에도 오직 비서만을 찾아다니는 탓에 다른 책들은 모두 뻔한 이야기로 읽히고 마는 것이다.

나와 친분이 있는 한 대기업의 이사는 언젠가 다음과 같은 조언을 들려주었다.

"30대에는 100권의 책을 읽는 것도 중요하지만, 한 권의 책을 100번 읽는 것도 중요합니다. 100번쯤 읽으면 세뇌가 되거든요. 성공한 사람처럼 살고 있다는 느낌 같은 겁니다. 즉 성공은 성공하지 못한 사람이 얻을 수 있는 결실이 아닙니다. 성공은 이미 성공한 것처럼 살아가는 사람이 얻을 수 있는 성취입니다."

30대에도 20대와 비슷한 고민과 번뇌에 휩싸이는 사람은, 매 상황을 열정보다는 머리로 이해하려고 하기 때문이다. 열정 없는 책 읽기는 열정 없는 지식만을 생산할 뿐이다. 하지만 성공이란 다른 그 무엇보다도 열정을 먹고 자란다는 사실을 명심해야 한다. 제아무리 뻔한 이야기라 할지라도 가슴 두근거리며, 펄떡이는 열정으로 다시 한번 읽어보라. 그러면 그 느낌이 사뭇 달라질 것이다.

열정을 가지고 끊임없이 반복하면 '절대 되고 싶지 않은 미래'에 대한 고민이 사라진다. 하지만 열정 없이 최악의 미래를 떠올리면, 결국 그렇게 되고 만다. 그래서 성공에 관한 책들은 한결같이 절대 부정적인 생각을 해서는 안 된다고 주문하고 있

는 것이다. 부정적인 생각을 하지 말라는 것은 인생의 옵션 사
항이 아니다. 이는 인생의 필수적인 의무사항이다.

07

멋지고 당당하게
삼진을 당하라

'생각한 대로 살게 된다고? 그렇다면 나는 절대 정리해고를 당하는 사람은 되지 않을 것이라고 생각하면 괜찮겠군.'

당신은 이렇게 안심할 수도 있다. 하지만 이는 큰 착각이다. '정리해고 당하지 않을 거야'라고 생각한 당신은 '정리해고' 당할 것이다.

야구 시합을 예로 들어보자.

당신의 팀이 1-0으로 뒤지고 있는 상황에서 9회 말 원아웃 주자 만루 상황에서 당신이 타석에 들어선다. 당신은 숨을 고르며 생각한다.

'절대 삼진만은 당하지 말자! 절대 병살타만은 치지 말자!'

당신이 이 같은 각오로 타석에 임했다면, 필경 당신은 삼진을 당하거나 병살타를 치고 만다. 그 이유는 간단하다.

우리의 잠재의식은 '~하면 안 된다'와 같은 복잡한 언어를 이해하지 못한다. 잠재의식에서는 언어가 아니라 이미지로 기록된다. 그래서 당신이 '절대 삼진만은 당하지 말자'라고 생각하는 순간 당신의 잠재의식은 당신의 머릿속에 떠오른 이미지를 실현한다. '절대 삼진만은 당하지 말자'라고 맹세한 당신의 머릿속에서는 예전에 당했던 '삼진'에 대한 이미지가 떠오를 것이기 때문이다. 따라서 마침내 삼진을 당하고 마는 것이다. 정리해고를 당하지 말자고 결심하는 순간 당신은 의식적으로든 무의식적으로든 간에, 머릿속으로 '정리해고'에 대한 이미지를 떠올리게 된다. 그러고는 그 이미지에 압도되고 만다.

초등학교 5학년 시절, 실과시간에 다도*茶道에 관해 배울 기회가 있었다. 학생들이 각자 집에서 자신이 좋아하는 찻잔을 들고 와 홍차를 담아 마시며 케이크를 먹는 즐거운 수업이었다. 나는 어머니에게 부탁해서 우리 집에서 가장 고급스러운 웨지우드 Wedgwood(영국의 대표적인 도자기 브랜드.옮긴이) 찻잔을 가지고 가기로 했다.

어머니는 내게 몇 번이고 '아주 귀한 잔인 만큼 절대로 깨뜨리면 안 된다'고 당부하셨다. 나는 고개를 끄덕인 후 등굣길에 나섰다. 그런데 집을 나서는 순간부터 내 머릿속엔 걱정이 가득했다.

'절대로 깨뜨리면 안 된다. 떨어뜨리면 안 된다. 떨어뜨리면 절대 안 돼!'

그리고 교문 앞에 도착했을 때 뭐에 홀리기라도 한 듯 나는 가방을 바닥에 떨어뜨렸다. 단단한 보도블록 위로 떨어진 가방 안에서 '쨍그랑'하는 소리가 들려왔다. 결국 찻잔을 깨뜨리고 만 것이다. 나는 한동안 바닥에 떨어진 가방을 멍한 얼굴로 바라보았다. 그리고 끝내 울음을 터뜨렸다.

'정리해고 당하지 말자'가 아니라 '능력을 발휘해서 승진하자'라는 마음을 가져야 하는 이유를 이젠 알겠는가? '삼진을 당하지 말자'가 아니라 '반드시 홈런을 치자'라는 자세를 갖고 매사에 임해야 한다. 그래야만 최소한 안타를 칠 수 있다.

또한 삼진 당하는 것을 두려워하다가 결국 삼진을 당하는 것과, 홈런을 치겠노라 자기 자신에게 혼신의 힘을 불어넣으며 배트를 휘두르다가 삼진을 당하는 것 사이에는 커다란 차이가 있다. 프로야구단의 홈런 타자들을 보라. 그들은 삼진을 당해도, 홈런을 친 것처럼 멋있고 당당하게 당한다.

부정적인 생각이 현실로 이루어지면 정말로 심각한 데미지를 입는다. 평생 회복할 수 없는 상처를 입을 수도 있다. 재기가 불가능해지는 것이다. 하지만 긍정적이고 적극적 생각 속에서의 실패는 성공을 향한 디딤돌이 되고 좋은 보약이 된다는 사실을 명심하라.

선순환을
만들어라

생각하는 대로 살게 된다는 진리에 동의한다면, 이제 당신은 불행한 미래를 떠올려서는 안 된다는 데에도 기꺼이 동의할 것이다.

그렇다면 당신은 지금부터 결코 거짓말을 해서는 안 된다. 나아가 나쁜 짓을 해서도 안 된다. 왜냐하면 그렇게 행동을 하는 당신을 당신의 잠재의식은 반드시 지켜보고 있기 때문이다. 제아무리 완벽한 거짓말도 자신만큼은 속이지 못한다. 제아무리 완벽한 범죄라도 자신에게 만큼은 숨길 수 없다. 따라서 거짓말과 나쁜 짓을 한 사람은 반드시 가책을 갖게 된다. 그리고 이 가책을 바탕으로 잠재의식은 '자신이 나쁜 사람, 형편없는 사람'이라는 사실을 깊이 각인한다. 이 각인은 치명적이다. 계속해서 거짓말을 하게 하고 나쁜 짓이나 나쁜 습관을 반복하게끔 유도

하기 때문이다.

나쁜 짓이란 도둑질이나 살인만을 가리키는 것이 아니다. 예를 들어 사람들이 보지 않는 곳에서 담배꽁초를 버린다든가, 길에 떨어진 돈을 살짝 줍는 것과 같은 작은 일이 마음속에 큰 영향을 준다.

거짓말을 하지 않는 것도 중요하다. 한 심리연구에 따르면, 사람은 한 가지 거짓말을 하면 그 거짓말을 정당화하기 위해서 평균 20가지의 새로운 거짓말을 하게 된다고 한다.

상상해보라. 그것은 정신건강에 그야말로 악영향을 끼치고 만다. 그리고 그것으로 인해 반복해서 자신은 나쁜 놈이라고 마음속에 새겨나간다.

내가 여덟 살 때의 일이다.

장수풍뎅이가 지천으로 날아다니는 시골의 할아버지 댁에서 여름 방학을 보낸 적 있었다. 당시 나는 마을 인근에 있던 기차 간이역에서 '비상호출'이라고 쓰여 있는 빨간 버튼을 장난으로 눌렀었다. 그러자 '찌르릉 찌르릉'하며 요란스럽게 벨이 울렸다. 너무 놀란 나는 뒤도 돌아보지 않고 도망쳐버렸다. 그리고 하루 종일 새파랗게 질린 얼굴로 툇마루에 앉아 오돌오돌 떨었다. 밥도 목구멍으로 넘어가지 않았다. 뭔가 나쁜 짓을 했다는 사실을 뚜렷하게 알고 있었기 때문이다. 저물녘까지 그렇게 손가락을 깨물며 마당만 바라보고 있었다.

들일을 마치고 돌아온 할아버지가 이런 내 모습을 보고 무슨 일이 있었는지 캐묻기 시작했다. 나는 고개를 가로저으며 입을 열지 않다가, 끝내 울먹거리며 낮에 있었던 일을 털어놓았다.

사정을 듣고 난 할아버지는 그날 저녁에 나를 데리고 역장을 찾아가서 용서를 빌게 했다. 그러자 역장은 웃으면서 너그럽게 용서해주었다. 집에 돌아온 나는 밥을 두 공기나 먹었다. 그리고 편안하게 잘 수 있었다.

거짓말이나 양심에 거슬리는 일, 좋지 못한 습관은 어쩌면 평생에 걸쳐 당신이 맞서 싸워야 할 강력한 적일 것이다. 처음부터 하지 않으면 가장 좋겠지만, 어쩔 수 없이 이와 같은 실수들을 범했다면, 그 즉시 자기 자신 또는 타인에게 용서를 구하고 털어버려라. 그렇지 않으면 그것들은 당신의 마음속에 도사리고 앉아 점점 번성하게 될 것이다.

30대는 자신을 완전하게 책임지는 일을 이루는 시절이다. 거짓은 거짓을 낳고 변명은 변명을 낳는다. 좋지 못한 습관과 협잡과 술수는 결국 부메랑이 되어 당신의 얼굴과 등에 지울 수 없는 상처를 남기고 만다.

인생은 늘 순환한다. 하나의 둥근 원을 그리며 출발한 곳으로 다시 돌아가는 여정이다. 이러한 인생을 '선순환善循環'으로 만들기 가장 좋은 시절이 바로, 서른이다.

09

일상을 철저하게
정돈하라

언젠가 한 기업에 강연을 하러 갔을 때의 일이다.

유명한 화장품 회사였던 만큼 강연장에는 30~40대 여성 직원들로 성황을 이루었다. 맨 앞줄에는 초고속 승진가도를 달리며 30대 후반에 회사 임원이 된 여성의 모습도 눈에 띄었다. 그녀가 바로 나를 강사로 초청한 장본인이었다. 나는 그녀에게 살포시 미소를 지으며 질문을 던졌다.

"안녕하세요, 이사님? 지금 이곳엔 이사님처럼 탁월한 프로페셔널이 되기 위해 불철주야 노력하는 젊은 여성분들이 참석해 있군요. 강연을 시작하기에 앞서 이분들에게 조언 한 말씀 해주신다면요?"

그러자 그녀는 살포시 미소를 지으며 잠시 생각에 잠긴 후

입을 열었다.

"딱히 뭐라 드릴 말씀은 없네요. 열심히 하다 보면 기회가 생기게 마련입니다. 굳이 한 가지 제 경험을 말씀드리자면, 철저한 정리정돈 습관을 갖는 게 중요한 것 같아요. 언제 봐도 깔끔한 사람에게 세상은 더 신뢰와 호감을 가지니까요."

그렇다. 마음의 평온과 삶의 선순환을 도모하는 첫걸음은 주변의 일상을 잘 정리하는 것이다. 예를 들어 방이나 책상 등을 지저분하게 방치하거나 체납된 수도와 가스요금 등의 독촉장이 쌓여 있는 상황에서는 그 어떤 일도 안정적으로 해낼 수 없다.

이는 매우 사소해보이지만 당신의 삶을 좀먹는 벌레와도 같다는 사실을 명심하라. 기본적인 의식주 생활이 복잡다단하면 게으름과 체념을 익숙하게 받아들이고, 거기에 젖어 한 발자국도 나가지 못하고 만다. 또한 정리정돈을 잘하지 못하는 사람들에게서는 늘 자신감이 결여된 눅눅한 표정들이 발견된다. 산뜻한 희망이 내려앉을 곳이 없는 얼굴 말이다.

장밋빛 미래를 꿈꾸고자 한다면, 이 꿈을 방해하는 주변의 작은 걱정거리부터 철저하게 색출하자. 그리고 그것을 노트에 적어보자.

세탁물 찾아오기, 동생의 생일선물 고르기, 조만간 술 한잔 하자고 약속했던 친구와 구체적인 날짜와 시간 정하기 등등.

이 같은 일들은 미뤄둔다고 해서 결코 사라지지 않는다. 다만 눈덩이처럼 불어나고 쌓여갈 뿐이다. 또한 다음과 같은 말들은 이제 일상에서 지워버려라.

'조만간 한번 뵙겠습니다.'

'사는 게 바빠서 통 연락도 못 드렸습니다.'

'이번 마감만 끝내는 대로 연락드리겠습니다.'

'이번 주는 힘들고, 다음 주중으로 한번 찾아가겠습니다.'

'수일 내로 보고드리겠습니다.'

'빠르게 추진해보겠습니다.'

주변을 잘 정돈하지 못하는 사람은 늘 이 같은 말들을 입에 달고 산다. 즉 인간관계에서까지도 어떻게든 게으름을 피우고 시간을 미루고자 한다. 당신이 늘어질 대로 늘어지는 사이, 당신을 찾는 사람들은 하나 둘 사라진다. 어정쩡하고 모호한 약속은 결코 입에 올리지 말라. 꼭 만나야 할 사람, 꼭 보고해야 할 사안 등은 구체적인 시간을 정해서 말하는 습관을 들여보라. 그러면 일에 탄력이 붙고 일상에서 개운한 기분을 느끼게 될 것이다.

작은 일이라고 가볍게 여기지 말고 하나씩 하나씩 확실하게 처리해 나가자. 그러면 당신은 마음속의 구름이 걷히는 것을 느끼게 된다. '나는 한심한 게으름뱅이가 아니다'라고 생각하며 자신감을 회복할 수 있다.

이 같은 작은 걱정거리나 일들을 말끔히 해결하면 그 효과는 실로 놀랍다. '나는 결심한 일을 잘 처리하는 의지가 매우 강한 사람이다'라는 긍정적 암시를 자신에게 제공하기 때문이다.

'나는 게으르고 한심한 인간이다'라고 자책하는 것과 반대로 '나는 결심한 일을 잘 처리하는 의지가 강한 사람이다'라고 자신을 갖는 것 중에서 어느 쪽이 좋을까? 게다가 이 두 차이를 만드는 것은 방을 정리하거나 광열비를 내는 것과 같은 사소한 행동들이다. 이는 비용(노력) 대비 효과가 엄청나게 큰 유익한 행동이라는 것을 유념해야 한다.

당신도 주변의 아주 작은 일부터 꼭 시작하길 바란다. 그리고 매일 '걱정거리 리스트'를 찾아내서 하나씩 하나씩 우선순위를 정해 처리해 보자. 눈코 뜰 새 없는 30대에 이는 상상 이상의 커다란 성과와 에너지를 가져다줄 것이다.

10

심플하고 담백한
삶을 살아라

지금 바로 실천할 수 있으면서도 큰 효과를 볼 수 있는 규칙 하나를 가르쳐주도록 하겠다. 그건 바로 '하지 말자'라는 규칙이다. 이는 일본의 30대 비즈니스맨들이 가장 손쉽게 삶과 일의 방식을 바꾸는 전략으로 많은 사랑을 받고 있다.

예를 들어 반드시 시간을 내 읽어야 한다고 생각하면서도 좀처럼 손에 잡히지 않는 책이 있다면, 그 책은 '읽지 말자'라고 결정한 다음 지인들에게 선물하거나 기부를 하는 것이다. 어차피 그 책을 당신이 마지막 장까지 정독하기란 불가능하다. 그러면서도 그 책을 읽어야 한다는 스트레스는 계속해서 당신을 괴롭힌다. 그 책을 당신의 곁에서 과감히 떠나보내면 한결 마음이 개운해지고 밝아질 것이다. 책을 많이 읽는 것은 인생살이에서 매우 중요한 전략이다. 하지만 책과 당신 사이에도 '궁합'이란 것이 존재한다. 어떤 책은 집어들자마자 앉은 자리에서 끝까지 읽히는가 하면, 어떤 책은 서문조차 읽히지 않는다. 시간 가는 줄 모르고 탐독하는 책들만 읽기에도 인생은 모자라다.

비단 독서뿐 아니다. 조만간 술 한 잔 하자고 약속했지만, 좀처럼 만나지지 않는 친구가 있다. 친구와 만나는 것이 싫어서가 아니다. 다만 술자리가 부담스럽기 때문이다. 그럴 때는 술자리 도모를 과감하게 그만두어야 한다. 술을 마시는 대신 그 친구를 만나 점심식사를 하거나 운동을 하는 쪽으로 방향을 틀어보라. 여기에 흔쾌히 동의하는 친구가 있다면 당신의 마음은 정말 편해진다. 하지만 계속해서 친구가 술자리를 고집한다면, 그때는 그 친구를 과감히 끊어야 한다. 그는 분명 당신보다 술자리를 더 좋아하는 친구이기 때문이다. 사회생활을 하다 보면 피치 못할 술자리가 많이 생겨난다. 따라서 당신은 이미 충분히 술을 마시고 있다. 그러한 당신을 이해하지 못한다면 그는 당신에게 좋은 친구가 아니다.

읽어야 한다는 생각만 붙들고 있거나, 원치 않는 술자리에 자꾸만 불려나가다 보면 당신의 인생은 정말 한심해진다. 30대란 당신의 남은 인생을 위해 혁신적인 습관을 들이는 시기다. 오래된 낡은 습관을 끊어내지 못하면 당신은 습관의 노예가 되고 만다.

밤에 당신이 살고 있는 동네를 한 바퀴 산책해보라. 대체 얼마나 많은 사람들이 술을 퍼마시고 고래고래 소리를 지르고 있는지를 보라. 출근길 보도블록 곳곳에 얼룩진 구토의 흔적들을 보라. 30대는 인생의 에너지가 가장 충만한 절정의 시기다. 이같은 시기에 그 에너지를 너무 소모적인 데 쓰다 보면, 다시는 건강한 삶을 꿈꿀 수 없게 될지도 모른다. 30대에는 '해야 할 일'도 중요하지만 그보다 '하지 말아야 할 일'을 정해놓고 이를 실천하는 것도 정말 중요하다.

물론 모든 일에는 '정도^{程道}'라는 것이 있다. 정도를 넘어서는 것을 주의해야 한다. 모든 일을 '하지 말자'라고 정해버리면 오히려 걱정거리가 파도처럼 몰려들 것이다.

예를 들어 '귀찮으니까 움직이지 말자'라는 규칙을 세웠다고 가정해 보자. 당신은 미래의 생활이나 인생을 어떻게 할 것인가라는 큰 걱정을 갖게 된다. '하지 말자'라고 정했지만 걱정이 줄어드는 것이 아니라 반대로 증가하게 될 것이다.

아주 당연한 것이지만 '하지 말자'라고 정해도 되는 것은 중요한 것이 아닌 작은 일들이다. 당신 인생에 크게 영향을 주지 않는 일들로 한정시켜야 한다. 그리고 큰 영향을 주지 않지만 당신의 마음에 부담이 되는 일을 '하지 말자'라고 정하는 것이 중요하다.

단순히 '하지 않는 일'을 정하기란 어려울 것이다. 당신에게는 해야 할 일이 너무 많기 때문이다. 그런 경우에는 '1년 동안은 하지 말자'라는 식으로 그 기한을 정하면 효과적이다.

가장 바람직하지 못한 것은 할 수도 없는 일을 목표로 정해놓고 '실패'를 거듭하는 일이다. 그리고 스스로에게 '너는 안 돼'라는 딱지를 붙이는 일이다. 그런 일을 할 바에는 한시라도 빨리 '하지 말자'라고 정하는 것이 좋다.

다른 사람보다 빠른 나이에 성공한 사람들의 공통적 특징이 뭔지 아는가? 그건 바로 그들의 삶을 '단순하고 담백하게' 만들었다는 것이다. 크고 작은 일들이 실타래처럼 꼬여 있는 삶은 결코 명쾌하게 풀어지지 않는다. '해야 할 일'과 '하지 말아야 할 일'의 목록을 만들고 이를 꾸준히 실천해 나가다 보면 당신의 삶은 몰라보게 심플하고 담백해질 것이다. 성공은 그 바탕 위에 그려나가는 그림이다.

2장

지나간 인생을
돌려받고 싶은
당신에게

01

소신과 자존심으로
똘똘 뭉쳐라

우리는 나이 들수록 타인에게 자신의 인생을 지배당하고 만다. 대체 누가 내 인생을 지배하느냐고 묻겠지만 주변 세상을 한번 스윽 둘러보는 것만으로도 당신의 인생을 지배하려 드는 것들을 쉽게 찾을 수 있다.

우리 인생을 침해하는 가장 큰 주범은 '타인의 평가'와 그에 따른 '두려움'이다. 사람들은 하루에도 수십 번 내가 남에게 어떻게 보이는지, 남성 혹은 여성으로서 매력이 있는지 없는지, 내가 괜찮은 사람인지 아닌지 등을 고민한다.

TV나 잡지의 상업광고에서 눈을 떼지 못하는 것 역시 타인으로부터 부정적인 평가를 받고 싶지 않다는 두려움 때문이다. 광고는 지금 당신이 가진 것은 무엇인지, 아직도 이것을 모르고 살고 있는지를 끊임없이 물으며 소비자들의 불안감을 자극한다. 우리는 '이 정도는 갖춘 사람으로 보여야 해'라는 두려움에 쫓겨 제품을 구매한다. 결국 '나는 이 제품을 가졌다'라는 자기만족은 '나를 이 제품을 가진 사람으로 봐줄 것이다'라는 뜻으로 해석된다.

타인의 평가가 신경 쓰이는 사람은 절대적으로 '자기 신뢰'가 부족한 사람이다. 더불어 자신을 인정하는 '자존심'도 부족하다. 타인의 평가에 좌지우지되는 것은 그들에게 자신의 인생을 지배당하는 것이다.

타인에게 인생을 지배당하는 것은 가장 불행한 삶을 사는 것과 같다. 인간은 스스로를 바꿀 수는 있지만 타인이 바꾸는 것은 불가능하기 때문이다. 즉 '내 시선'이 아닌 '타인의 시선'에 집착할수록 자신의 인생을 제어 불가능한 상태로 만드는 결과를 초래한다. 이는 자신의 생살여탈生殺與奪(살리거나 죽이고, 주거나 뺏는다는 뜻으로, 마음 내키는 대로 할 수 있음을 이르는 말)권을 타인에게 양도한 것이다. 마치 자신의 심장을 향해 권총을 겨누고 상대방에게 돈을 주고 있는 것과 같은 말도 안 되는 모습이다.

나는 그런 인생이 정말 싫었다. 그래서 타인의 평가를 신경 쓰지 않기로 결심했다. 이를 위해 노력한 것은 '자존심'을 기르는 일이었다. 나는 자존심을 기르는 것은 곧 자신과의 약속을 지키는 것이라고 생각했다. 이것을 몇 번 반복하다 보니 자연스레 자존심이 길러지는 것이 느껴졌다.

자존심이 얼마나 중요한 것인지를 알려주는 일화가 있다.

세계 3대 테너로 불리던 플라시도 도밍고^{Placido Domingo}와 호세 카레라스^{Jose Carreras}, 루치아노 파바로티^{Luciano Pavarotti}. 이들 중 도밍고와 카레라스는 유명한 앙숙관계였다. 1984년 당시 카탈로니아 지역은 스페인을 다스렸던 마드리드 지역으로부터 자치권을 쟁취하기 위한 사람들의 투쟁이 한창이었다. 이로 인해 마드리드 출신의 도밍고와 카탈로니아 출신의 카레라스 역시 서로 적이 되었다. 그들은 세계를 순회하는 공연을 하면서, 서로 같은 무대에 서지 않겠다는 약속을 해야만 공연을 했을 정도로 사이가 나빴다.

그러던 어느 날 카레라스는 도밍고보다 더 큰 적을 만나고 만다. 그가 백혈병에 걸리고 만 것이다. 당시에는 백혈병 치료 기술이 발전하지 않은 상황이었고, 카레라스는 매달 골수이식과 수혈 등 고통스러운 치료를 위해 미국을 방문해야만 했다. 막대한 치료비로 인해 재정적으로 곤란해진 그는 더 이상 치료를 받기 어려운 상황에 직면했다. 경제력이 한계에 다다른 그때 그는 마드리드에 백혈병 환자만을 위한 재단이 있는 것을 알게 되었다. 에르모사^{Hermasa}라는 재단의 도움으로 카레라스는 치료를 다시 시작했고 마침내 재기에 성공한다.

감사의 마음을 표현하기 위해 재단에 가입하려던 카레라스는 놀라운 사실을 알게 된다. 자신을 도와준 재단의 설립자이자 후원자가 도밍고이며, 애초에 그 재단을 설립한 목적이 카레라스를 돕기 위한 것이었다. 게다가 도밍고는 도움을 받는 카레라스의 자존심을 다치지 않게 하려고 익명으로 재단을 운영해왔다.

카레라스는 크게 감동하여 도밍고의 공연장을 찾았다. 그리고 관객들이 보는 앞에서 무릎을 꿇고 감사의 마음을 전했다. 그 모습을 본 도밍고는 아무 말도 하지 않고 카레라스를 꼭 껴안았다.

그날 이후 그들은 서로를 진정한 경쟁자로 존중하며 멋진 공연을 펼쳐나갔다. 어느 날 도밍고는 에르모사 재단을 설립한 이유를 묻는 한 인터뷰에서 "나의 경쟁자인 다른 예술가를 도우려 한 것"이라고 짧게 대답했다. 끝까지 카레라스의 자존심을 지켜준 것이다.

도밍고와 카레라스의 이야기는 자존심을 지키는 것이 삶의 발전에 있어 얼마나 중요한 것인지를 알려준다. 등푸른 30대의 강을 건너기 위해 우리가 준비해야 할 배움들 중 '자존심'이란 스스로의 인생을 지켜내는 발걸음임을 잊지 말자.

나는 자존심을 키우기 위해서 조금은 무리한 목표를 세운다.

목표를 최대한 세분화해서 그것을 확실하게 달성해 나갈 방법을 찾는 것이다. 이때 조금씩 달성하게 되었다고 해서 자만심에 빠지거나 욕심을 부려서는 안 된다. 조금 부족하다고 느낄 만큼 착실하게 목표를 세분화해야 한다.

그리고 목표를 달성하지 못했다고 해서 중도에 포기해서는 안 된다. 실패하더라도 계속 도전해야 한다. 성공할 때까지 도전을 계속하는 당신은 패배자가 아니라 성공자로 기억될 것이다. '소신'이란 이런 과정에서 탄생한다.

타인의 평가가 신경 쓰여서 타인에게 인생을 지배당하고 있다면, 당신은 이것들을 한 가지 한 가지 착실하게 실행하기만 하면 된다. 그러면 당신의 자존심은 틀림없이 강해질 것이다. 그리고 자존심이 강해지는 것과 동시에 조금씩 타인의 평가가 신경 쓰이지 않게 될 것이다. 이제 당신이 자신의 인생을 되돌려 받는 날이 멀지 않았다. 소신과 자존심으로 똘똘 뭉친 인생을 말이다.

02

한 번 더
넘어져라

20대의 나를 한마디로 정의한다면 '파블로프의 개'였다. 나는 다른 사람들의 시선만 신경 쓰는 바보였다. 당시 내 속에는 스스로를 곧추 세워줄 심지가 없었다. 그래서 남들의 작은 행동, 한 마디에 좌우돼 우왕좌왕 길을 잃는 경우가 많았다.

그러다 보니 누군가로부터 비판을 받거나 좋지 않은 소리를 들으면 금세 의기소침해졌다. 나중에는 주변 사람들의 진심어린 충고가 마치 나를 모욕하는 것처럼 들렸고, 칭찬마저 조롱으로 느껴졌다. 누군가 한 마디만 건네도 금세 얼굴이 붉으락푸르락해지고 화를 내는 일이 잦아졌다. 마치 주인의 발자국 소리나 종소리만 들려도 침을 흘리는 개처럼. 지금 생각해도 부끄러운 기억이다.

그러나 20대의 나에게는 여유가 없었다. 그래서 그것이 잘못되었다는 것조차 깨닫지 못했다. 당시에는 상대방이 나에게 상처를 주지 않도록, 나를 싫어하지 않도록 매일매일 사람들의 얼굴색을 살피느라 정신이 없었다. 마치 넘어지는 것이 두려워 일어설 생각조차 못하는 겁쟁이와 같은 삶을 살고 있었다.

서른이 될 무렵의 어느 날 '나는 왜 이렇게 힘들게 살아야 할까?'라는 생각이 들었다. 더 이상 다른 사람들의 시선에 좌지우지되는 피곤한 삶을 살고 싶지 않았다. 1주일 동안 끊임없이 고민을 하고 겨우 깨달았다.

내가 고통스러웠던 것은 나를 비판하는 사람들 때문이 아니었다. 그들의 말을 바보처럼 정직하게 받아들였던 나 자신이 문제였다. 나를 비판하는 사람들과 함께 스스로를 몰아세우던 '나'에게 원인이 있다는 것을 깨달은 것이다. 동시에 내 허락 없이는 누구도 나를 바꿀 수 없다는 것도 알게 됐다. 나는 그저 바보처럼 나를 평가하고 깎아 내리는 사람들에게 나를 모욕하라고 '허가'해주고 있었다.

이를 깨닫고 나니 모든 것이 거짓말처럼 쉬워졌다. 나는 우선 그동안 방관하고 있던 '허가'를 내주지 않기로 했다. 남들이 무슨 생각을 하든, 무슨 말을 하든 그것은 그들의 자유다. 하지만 나는 다른 사람들의 말에 흔들리지 않기로 결심했다. 내 안의 기준, 내 마음의 목소리만이 나를 움직일 수 있다고 스스로에게 선언한 것이다.

그러자 점점 마음이 편해졌다. 타인의 반응에 우왕좌왕하지 않게 되고 마음에도 여유가 생겼다. 이제 나는 스스로 인생을 진두지휘할 수 있는 마음의 준비운동을 마친 것이다. 이렇게 나는 또 다른 방식으로 그동안 잃어버렸던 내 인생의 일부를 돌려받았다.

생각에 변화가 일어날수록 그동안 나를 지배하던 막연한 두려움도 사라졌다. 다른 사람들의 말을 웃어넘기는 여유와 나를 위한 충고로 받아들이는 현명함을 알게 된 것이다. 넘어지는 것이 두려워 일어설 생각조차 못했던 나는 과감히 새로운 세상을 향해 발을 내딛을 용기를 얻었다.

혹시 걸음마를 배우는 아기를 본 적 있는가? 걸음마를 배우는 아기를 잘 살펴보라. 한 번에 번쩍 일어서서 걷는 아이는 없다. 일어서다가 쿵 하고 넘어지고, 한 발짝 내딛다가 다시 주저앉는다. 아기가 걷는 법을 배우기 위해서는 평균 2,000번을 넘어져야 한다.

만일 아기가 걸음마를 배우면서 실패한 경험을 바탕으로 '난 안 된다'라는 자기 믿음을 구축해 포기하면 평생 걸을 수 없다. 하지만 아기는 평균 2,000번을 도전하고 오로지 집중하며 열정을 기울여 마침내 걷기에 성공한다. 공원에 나와 노는 아이들을 보면 저 작은 체구로 어떻게 저렇게 온종일 뛰어다닐 수 있을까 하는 생각이 들곤 했다. 이제 와 돌이켜 보니 무려 2,000번을 넘어지고 걷는 법을 배웠다면 걷고 뛰는 것이 얼마나 즐거운 일인지 알 것 같다.

나는 자신을 비관하거나 핑계를 대며 변명하지 않기로 했다. 넘어지면 훌훌 털고 다시 일어나 다시 걸으면 된다는 진리를 깨달았기 때문이다. 그 사이 내 발에는 여러 개의 물집이 생길지도 모른다. 그리고 아픔을 무디게 할 굳은살이 알맞은 두께로 자라날 것이다. 딱딱하고 거칠어진 발바닥이 오래 입은 옷처럼 편안해지면 더 이상 세상 어떤 길도 두렵거나 낯설지 않을 것이다. 그때 힘차게 걸어 나간다면 새로운 인생을 시작할 수 있다.

안 되면 다시 하면 되고, 모르면 공부하면 된다. 이는 당신이 발전하고 성공해 꿈을 이루는 데 아무 문제도 없다는 뜻이다. 한 번 더 넘어진다고 달라지는 것은 없다. 하지만 그것이 반복되는 과정에서 당신은 누구보다 눈부시게 성장할 것임을 기억하라. 그것만으로도 당신의 마음은 아주 가벼워질 것이다.

03

기준은
내 안에 있다

사람에게는 6가지 감옥이 존재한다.

첫째, 자기도취의 감옥

둘째, 비판의 감옥

셋째, 절망의 감옥

넷째, 과거 지향의 감옥

다섯째, 선망의 감옥

여섯째, 질투의 감옥

당신은 몇 개의 감옥에 갇혀 살고 있는가?

한때 나는 하루에도 몇 번씩 6개의 감옥을 들락날락거렸다.

자기도취에 빠졌다가 어느새 남을 비판하고 있었고, 작은 오류도 이기지 못해 절망에 젖어 과거를 그리기 일쑤였다. 그리곤 맹목적으로 누군가를 선망하다가 금세 질투의 화신으로 변하는 그런 나날이었다.

감정의 롤러코스터에서 내려오지 못하고 있던 나를 안정적인 평지로 내려놓은 것은 "제발 너만의 기준을 만들어보라"는 친구의 진심어린 충고 덕분이었다. 곰곰이 생각해보니 나는 늘 정해진 기준 없이 그때의 상황과 감정에 휘둘리고 있었다. 제멋대로 내린 판단은 부메랑이 되어 다시 돌아왔고, 그로 인해 내 생활은 점점 뒤죽박죽이 되어갔다.

나는 많은 시간을 고민한 끝에 스스로에게 'OK'라고 할 수 있는 내 마음속의 기준을 찾아냈다. 그것은 단 두 가지로 매우 간단하며 지금도 변함이 없는, 내 판단의 원동력이다.

첫 번째는 '실패해도 후회하지 않는 것'이다.

실패해도 후회하지 않기 위해서는 최선을 다해 자신이 가진 모든 것을 쏟아 부으면 된다. 120%의 능력을 다 발휘했는데도 실패했다면 그것은 내가 할 수 없는 일이다. 대신 실패를 경험 삼아 다시 도전하겠다는 의지를 가져야 한다. 여기에 "실수해도 괜찮다"라고 격려해줄 수 있는 친구나 가족이 있다면 금상첨화겠다. 인생은 시행착오와 실수, 실패, 그리고 변화와 변모로 가득 차 있다. 중요한 것은 거기에서 얼마나 빨리, 얼마나 창의적으로 회복될 수 있느냐는 것이다. 세계적으로 성공한 CEO나 역사에 길이 남을 예술가나 과학자들의 길에는 더 좋은 결과를 가져온 실수들이 널려 있다.

영국의 수상 윈스턴 처칠은 '열정을 잃지 않고 실패에서 실패로 가는 것'을 진정한 인생의 조건이라 말한 바 있다. 지금도 우리에게 실수는 정해진 경로에서 벗어나는 방황과 착오로 여겨진다. 그러나 발전 가능성을 가진 사람은 이런 방황을 새로운 가능성에 대한 출발점으로 받아들인다. 진짜 실패란 한 걸음 더 나아가기 위한 발돋움이라는 것을 깨닫는다면 당신도 실패는 결코 후회나 부끄러움이 아니라는 것을 알게 될 것이다.

두 번째 기준은 '나의 이익만 생각하지 않는 것'이다.

사람은 자신의 고통을 다른 사람이나 외부 환경 탓으로 돌리는 고약한 버릇을 가지고 있다. 하지만 자기 자신을 고통에 빠뜨리는 것은 나의 이익만 생각하는 이기심에서 비롯된다. 따라서 문제를 해결하기 위해서는 스스로를 되짚어보는 시간이 꼭 필요하다. 그 과정에서 적은 외부에 있는 것이 아니라 내부에 있다는 사실을 깨닫는다면, 자신이 더 발전할 수 있는 기회를 찾을 수 있을 것이다.

이때 주의해야 할 것은 결과가 좋지 않다고 해서 무조건 이기심을 발휘해서는 안 된다는 사실이다. 나보다 상대를 먼저 생각하고 행동했음에도 나쁜 결과를 가져온 것은 어쩔 수 없는 것임을 깨닫고 과감히 포기할 줄 알아야 한다.

만일 내가 세일즈맨으로서 목표치를 달성하지 못했다고 하자. 나는 당연히 회사에서 인정받지 못할 것이다. 그렇다고 해서 절망하거나 상처받을 필요는 없다. 내가 가진 능력을 다 발휘했다면, 그리고 고객과 동료들의 입장을 배려했다면 목표치를 달성하지 못했다고 해도 나는 자신에게 '다음에는 잘할 수 있을 거야, 다시 해보자'라는 위로를 할 것이다.

반대로 내가 목표치를 달성했다고 해도 온전한 능력을 발휘하지 않았다면 반성이 필요할 것이다. 목표치만 채우면 된다는 이기심으로 수단과 방법을 가리지 않았던 자신을 되돌아볼 시간을 가져야 한다. 기준은 밖에 있는 것이 아니다. 기준은 내 안에 있다.

04

고통도 구원도
모두 당신의 몫이다

서른이 되자마자 우울증이 찾아왔다. 처음으로 맡은 과장이라는 직함이 문제였다. 상사와 부하들과의 인간관계에서 압박감을 느끼던 나는 고민이 지나친 나머지 출근도 하지 못할 지경에 이르렀다. 분명 일을 잘했기 때문에 승진한 것임에도 과장이 되는 순간 나를 둘러싼 모든 것이 문젯거리로 전락한 기분이 들었다.

당시 내 눈에는 상사와 부하 모두가 적으로 보였다. 회사에서 책상에 앉아 있으면 모두 내 험담을 하며 나를 비웃는 것처럼 들렸다. 누가 무슨 소리를 하는지 신경이 쓰여서 도무지 일이 손에 잡히지 않을 정도였다.

물론 너무나 당연하게도 모든 것은 내 망상일 뿐이었다. 웃고 있는 상사와 부하는 나를 바보 취급하는 것이 아니라 지난밤에

본 코미디 프로그램에 대해서 이야기하고 있는 것이었다. 조용히 속삭이듯 말하는 동료들은 내 험담을 하는 것이 아니라 단순히 일에 대한 회의를 하는 것이었다. 모두 내가 생각하는 것만큼 나를 신경 쓰고 있지 않았던 것이다. 그럼에도 나는 주변 사람들과 나의 관계를 끊임없이 몰아세우는 일종의 '자기 학대'를 하고 있었다. 어느새 모든 주변 사람들이 걸어오는 말은 내 문제로 재해석되고 부풀려졌다.

나는 만사가 잘 풀리지 않을 때, 기대가 실패로 나타났을 때, 수치심을 느꼈을 때의 감정을 필요 이상으로 부풀려서 생각했다. 마치 '이제 난 끝났어'라고 생각하고 모든 것을 포기하는 비극의 주인공이 된 것처럼. 더 이상 사방이 꽉 막힌 어두운 우물 속에 들어선 것 같은 삶을 살 수 없던 나는 얽히고설킨 매듭을 풀기 위해 회사에 휴가를 냈다.

인생은 털실뭉치 같아서 어디가 끝인지 다 풀어보기 전에는 알 수 없다. 그런데 종종 엉켜 있는 곳을 발견하면 그것을 찬찬히 풀어내려고 하지는 않고, 자꾸만 한쪽 끝으로 뭉친 부분을 밀어낸다. 그러는 사이 몇 번의 손놀림만으로도 쉽게 풀릴 수 있는 실들이 자꾸만 더 엉킨다. 결국엔 뭉친 곳을 잘라내고 다시 실을 이어가는 수밖에 없다. 그 털실로 짠 스웨터는 곳곳마다 보기 흉한 매듭이 튀어나올 것이다.

그러므로 우리는 가끔씩 인생의 털실이 엉켰다는 걸 발견한다면 즉시 조심조심 풀어내야 한다. 작은 매듭 하나를 푸는 데 분노와 화를 담아 목숨 걸고 집착하다 보면 털실은 점점 더 엉켜버리고 말 것이다.

복잡하고 미묘한 인간관계라는 매듭을 풀기 위해 나에게 가장 먼저 필요한 것은 쓸데없는 생각을 버리는 것이었다. 내 단점을 찾아내는 데 혈안이 돼 있으리란 생각과 달리 동료와 상사, 부하들은 나에게 특정한 감정을 갖고 있지 않았다. 모두들 자기 인생을 살아가기도 벅찬 사람들이었다. 다른 사람의 실수를 언제까지나 신경 쓰고 있을 여유가 없었다. 게다가 자신들 역시 일을 하면서 수많은 시행착오를 거치고 있기 때문에 오히려 동료들의 실수를 따뜻하게 감싸 안아주고 위로해주고 싶어했다. 문제는 여유라고는 찾아볼 수 없는 나에게 있었다.

타인의 시선에 연연하지 말자는 생각은 커다란 변화를 가져왔다. 주변 사람들과의 대화가 즐거워졌고, 내 생각을 더 많이 표현할 수 있게 됐다. 마지못해 하던 일은 어느새 승리의 기쁨을 만끽할 수 있게 해주었다. 나는 그렇게 슬럼프에서 탈출했다.

쉽게 넘어갈 수 있는 그냥 그런 사소한 일에 목숨을 걸듯이 삶의 에너지를 소비하다 보면, 우리 인생의 즐거움과 아름다움에 써야 할 에너지까지 잃어버리고 만다. 이해할 수 있는 것은 이해하고 아무리 발버둥 쳐도 바꿀 수 없는 것은 받아들이면 된다. 그러면 물 흐르듯 자연스럽게 인생을 즐길 수 있다.

사소한 것에 목숨 걸지 말자. 필요 이상으로 다른 사람들의 시선을 신경 쓸 필요도 없다. 엎질러진 물은 다시 주워 담을 수 없다. 미래는 바꿀 수 있지만 과거는 바꿀 수 없다. 아무리 열정적으로 매달려도 사소한 것은 사소한 것이다. 이는 결코 당신의 인생을 완벽하게 바꿔줄 수 없다. 대신 당신에게 일어난 문제를 조금은 부드럽게, 물 흐르듯이 타고 넘는 자세를 갖는다면 인생을 좀더 여유롭고 긍정적으로 즐길 수 있을 것이다.

당신이 지금부터 해야 할 일은 과거를 버리고 모든 가능성에 집중하는 것이다. 넘어진 채로 울고 있어봐야 아무도 당신을 동정하지 않는다. 그러나 이를 악물고 일어나 전력으로 달리는 당신은 아름답게 보일 것이다. 우선은 그것을 목표로 삼아보자. 어차피 당신이 넘어진 일 같은 것은 아무도 기억조차 하지 못할 것이다.

05

프로야구 선수의
승률이면 충분하다

단행본이나 인터넷 매거진에 칼럼을 쓰거나 비즈니스맨 등을 대상으로 한 강연회에서 연설을 하는 것이 내 주된 업무다. 물론 경영자라는 직업도 있다. 그러나 불특정 다수의 사람들에게 자신의 생각을 전하는 것이 나의 가장 중요한 일이라는 것에는 변함이 없다. 게다가 독자나 청취자들의 수는 계속 증가하고 있다. 지금은 인터넷 매체에 하나의 칼럼을 기고하기만 해도 수만 명의 사람들에게 나의 생각이 전달된다. 기쁘기도 하지만 한편으로는 무섭기도 하다.

나는 어떤 말, 글, 생각이든 모든 사람들이 납득할 수 있는 내용은 없다고 생각한다. 따라서 나의 말과 글이 누군가로부터 '이 생각은 틀렸다!'라고 비판당하는 것은 당연하다. 그러나 문제는 머리로는 이해가 가지만 마음은 그렇지 않다는 데 있다. 자꾸만 모두가 나의 100%를 받아들여줬으면 하는 생각을 하는 것이다. 게다가 1%의 소수에게 내 의견을 거절당할 뿐임에도 절망감을 느끼고 만다.

인간은 사회적 동물이다. 원숭이나 사자와 같은 동물과는 다르게 본능만으로 살아갈 수 없다. 사회라는 사람과 사람 사이에서 상대방에게 인정받을 때 비로소 '삶'을 실감하는, 외로움을 잘 타는 약한 동물이다. 그래서 미움 받는 것을 싫어한다. 나 역시 이것을 부정할 수 없는 것이다.

그러나 냉정하게 생각해 볼 필요가 있다. 정말 나는 모든 사람들에게 사랑 받아야 할까? 단 한 사람에 불과해도 진심으로 나를 좋아해주고 내가 죽으면 슬퍼해줄 존재만으로는 여전히 불안해할까? 그렇다면 내가 만족할 수 있는 사랑은 얼마만큼일까?

심리학자들이 가장 존경하는 심리학자로 알려진 앨버트 엘리스Albert Ellis 박사는 자신의 임상경험을 바탕으로 인간이 어렸을 때 부모나 문화로부터 영향을 받아 계속해서 유지시켜 나가는 11가지 주요 비합리적인 신념에 대해 이야기했다. 그중 첫 번째 신념이 바로 '주위에 있는 모든 사람들로부터 반드시 사랑과 인정을 받아야만 한다'고 생각하는 것이다. 이것이 불합리하다는 것을 알면서도 계속해서 매달리는 것 역시 어쩔 수 없는 사람의 본성이라고 말했다.

누구라도 자신이 어떤 사람에게 미움 받고 있음을 알게 되는 경험이 유쾌할 리 없다. 하지만 이는 어찌 보면 상대가 미워하는 마음을 겉으로 드러내느냐, 그렇지 않고 숨기느냐의 차이일 뿐이다.

나의 지인 중에 사회복지사로 일하는 사람이 있다. 그는 자신의 일이 좋은 이유는 다른 직업에 비해 긍정적인 피드백을 많이 받을 수 있는 것이라 말했다. 상대로부터 무엇을 받기보다 주는 입장이기 때문에 "고마워요", "당신 덕분에"라는 말을 자주 듣는다. 그런데 그러는 사이 자신도 모르게 부정적인 피드백에 취약해지고 말았다. 결국 사회복지사로서 누군가에게 도움을 주는 것 자체보다 긍정적인 피드백을 더욱 많이 받는 것이 목적이 되고 말았다. 진심어린 마음으로 상대를 대하기보다 가면을 쓰고 '좋은 사람'의 모습을 흉내 내는 꼴이 된 것이다.

어느새 자신을 위해 사회복지를 하고 있다는 사태의 심각성을 깨달은 그는 부정적인 피드백에 대해 신경을 쓰지 않으려 노력했다. 그리고 상대로부터 긍정적인 피드백을 받으려는 가식적인 행동과 태도를 버리기로 했다. 그가 사회복지를 선택한 진짜 의미를 찾기 시작한 것이다. 단 한 사람이라도 행복해질 수 있는 기회를 주는 것, 이 세상이 좀 더 살기 좋은 곳이라는 생각을 갖게 해주는 것을.

이처럼 단 한 사람을 위한 인생은 가치가 작은 인생일까? 그렇지 않다는 것을 당신도 잘 알고 있을 것이다. 중요한 것은 스스로 바로 서려는 노력이다. 다른 사람들과의 관계 속에서 나 자신이 규정되는 것은 사회적 동물인 인간이 벗어날 수 없는 굴레다. 하지만 그것을 머리가 아닌 가슴으로 배우는 법을 깨닫는다면 누구나 좋아하는 사람, 자기 자신을 인정할 수 있는 여유를 가진 사람이 될 수 있다.

프로야구에서 최고 실력이라고 불리는 선수들은 대부분 3할 대의 타율을 가지고 있다. 이는 바꿔 생각하면 7할은 실패한다는 뜻이 된다. 프로야구에서 멋지게 승리하는 팀의 승률은 통산 6할 정도다. 시합의 반 정도를 진다는 의미다.

타인으로부터의 긍정적인 관심과 사랑을 야구경기라고 생각하자. 3할의 타율만 기록해도 충분히 최고의 선수로 인정받을 수 있다. 그리고 모두에게 사랑받으려고 하는 생각은 그만 버리고 상대에게도 나를 싫어할 수 있는 권리를 인정해 주자.

고통으로 가득 찬 이 세상을 살아볼 만한 곳으로 만들어주는 가장 큰 존재는 사랑이다. 그런데 사랑은 인간이 견뎌야 할 모든 시련에 대한 보상으로 주어진다는 사실을 알고 있는가?

06

완벽함은
모자람만 못하다

우리는 실패하면 금세 의기소침해진다. 자신이 미움 받고 있음을 느끼면 충격에 빠진다. 그 이유는 무엇일까?

답은 단순하다. 당신은 스스로가 완벽하길 원하기 때문이다. 만일 스스로를 부족하다고 인정한 사람이라면 실패했다고 해서 자신감을 잃거나 충격에 빠질 일은 없을 것이다. 대신 자신의 부족함을 발판 삼아 다른 자신에게 맞는 일에 도전할 것이다. 문제는 이런 생각을 가진 사람이 극히 적다는 사실이다.

20대에 샐러리맨이었던 나는 주변의 시선에만 신경 쓰느라 겉으로는 당당한 척 행동하면서도 사실은 두려움에 떨고 있었다. 그때 한 친구가 나에게 이렇게 말했다.

"오구라, 좀 더 바보처럼 행동하는 것이 편할 거야!"

그는 능력 있고 유명한 톱 세일즈맨이었다. 덜렁대는 성격이었지만 성과를 올려야 할 상황에서는 전에 없던 강인한 모습을 보이기도 했다. 그는 자신의 부족한 점을 전혀 숨기지 않았다. 오히려 드러내놓고 다녔다. 주위사람들은 그를 향해 '어쩔 수 없는 놈'이라고 하면서도 여러 가지 실수를 눈감아 주었다. 모두에게 사랑을 받고 있었던 것이다. 당시 나의 최고 라이벌이던 그가 조언을 해준 것이다.

나는 '그렇군! 그런 인생도 있구나!'하고 생각했다. 놀라웠다. 있는 그대로의 부족함을 보여주는 것이 살아가는 데 편할 뿐 아니라 인간으로서 더 매력적이라는 생각을 하게 됐다. 그날 이후 나는 자신이 부족한 사람이라는 것을 인정하게 되었다. 그리고 그것을 숨기지 않았다. 그러자 점점 마음이 편해졌고 모든 일에 자신감이 생겼다.

자신의 부족함을 깨닫고 인정한다는 것은 매우 괴로운 일이다. 하지만 이는 자신의 부족함을 채울 준비가 되었음을 뜻한다. 즉 배움의 자세를 갖췄다는 것이다.

어느 회사에서 사원을 모집한다는 공고를 냈다. 그러자 수십명의 사람들이 지원했다. 그들이 모인 시험장은 한 사람씩만 들어가게 되어 있었다. 그곳은 사방에 큰 거울이 하나씩 걸려 있었다. 지원자들은 거울에 비친 자신의 모습을 보면서 각각의 거울 위에 적힌 질문에 맞으면 '예', 아니면 '아니오'라고 답안지에 적어야 했다.

질문의 첫 번째는 '이 사람은 정직합니까?', 두 번째는 '이 사람은 어떤 경우에도 거짓말을 하지 않는 사람입니까?', 세 번째는 '이 사람은 과연 신뢰할 수 있는 사람입니까?', 네 번째는 '만일 당신이라면 이 사람을 채용하겠습니까?'의 순서였다. 이것이 시험의 전부였다. 시험을 치른 사람들은 모두 이상하게 여기면서도 자신 있는 듯한 모습이었다.

드디어 합격자 발표가 있는 날, 놀랍게도 합격의 기쁨을 맛본 사람은 단 한 사람이었다. 그는 모든 질문에 '아니오'라고 대답한 사람이었다. 그 회사는 정직한 사람, 즉 자신의 부족함을 솔직하고 담담하게 고백할 수 있는 용기 있는 사람을 원했던 것이다.

이처럼 부족한 자신을 드러내면 아무것도 숨길 필요가 없다. 동시에 무리해서 지켜야 할 것도 없다. 그럴수록 인간은 강해진다. 지금까지 양손양발을 칭칭 옭아매고 있었던 '겉치레'나 '체면'이 사라질수록 움직임이 가벼워지기 때문이다. 그들은 능률이 점점 올라가는 것을 느끼고 그것이 곧 자신감으로 이어진다.

부족한 자신을 인정하자. 그리고 마음의 문을 열고 그것을 드러내자. 그런 모습이 진정한 당신을 보여주며 모두에게 인간답고 매력적으로 다가간다.

《아낌없이 주는 나무》로 유명한 셸 실버스타인Shel Silverstein의 동화《잃어버린 조각》은 '완벽함이 항상 좋은 것은 아니며, 때로는 완벽함이 모자람보다 못하다'는 것을 알려준다.

귀퉁이 한 조각이 떨어져나가 온전치 못한 동그라미가 잃어버린 조각을 찾기 위해 길을 떠난다. 동그라미는 때로는 눈에 묻히고, 때로는 비를 맞고 햇볕에 그을리면서 이리저리 헤맸다. 그런데 한 조각이 떨어져나갔기 때문에 빨리 구를 수 없었다. 그래서 힘겹게 천천히 구르면서 길가에 핀 꽃냄새를 맡고, 머리 위에 내려앉은 나비와 이야기도 나눴다. 오랜 여행 끝에 몸에 꼭 맞는 조각을 만난 동그라미는 이제 완벽한 동그라미가 되어 예전보다 몇 배는 더 빠르고 쉽게 구를 수 있게 되었다.

그런데 떼굴떼굴 정신없이 구르다 보니 오랜 여행길에 친구가 되어주었던 딱정벌레와 인사도 할 수 없었고, 꽃냄새를 맡을 수 없었다. 휙휙 굴러가는 동그라미 위로 나비가 앉을 수도 없었다. 노래를 부르고 싶어도 너무 빨리 굴러 숨이 차서 부를 수가 없었다.

동그라미는 구르기를 멈추고 찾았던 조각을 살짝 내려놓았다. 그리고 다시 한 조각이 떨어져나간 몸으로 천천히 굴러가며 노래를 불렀다. 어느새 나비 한 마리가 동그라미의 머리 위에 내려앉았고, 동그라미는 다시 행복해졌다.

많은 사람들이 완벽함을 특별함이라고 생각한다. 하지만 특별히 잘나서 보통의 다수와 분리되어 살아간다는 것은 어찌 보면 그렇게 멋진 일이 아닐지도 모른다는 생각이 든다. 한 조각이 떨어져나가 느리게 구를 수밖에 없는 동그라미지만 여행길에서 만난 친구와 이야기를 나누고 꽃냄새도 맡으며 노래를 부를 수 있는 삶이 더욱 즐겁고 의미 있는 것은 아닐까?

07

세상은 숨기지 않는
사람에게 열려 있다

20대의 나는 스스로를 드러내는 것이 창피한 일이라고 생각했다. 모든 사람들에게 지적이고 품위 있고 트렌드에 민감한 것처럼 보이고 싶었다. 그게 진짜 멋있는 삶이라고 생각했다. 그러나 내 생각은 틀린 것이었다. 서른이 지나고서야 꾸미지 않고 있는 그대로의 모습으로 승부에 임하는, 평범한 자신을 숨기지 않고 당당하게 행동하는 사람이 더 멋진 사람이라는 것을 깨달았다.

월급쟁이 시절이던 20대 중반, 당시 나는 기획실이라는 핵심 부서에 배치되었다. 그래서 임원이 아닌 평사원이면서도 회사의 핵심인사들만 모이는 전체 회의에 참석했다. 그날은 통상적인 회의 외에도 저명한 대학교수의 강연회가 함께 예정되어 있었다. 회의가 끝나자 교수가 강연을 시작했다. 임원들은 모두 손으로 턱을 괴고 지루한 표정으로 자료를 보고 있었다. 난해한 경영용어를 구사하는 강연은 한시간이나 계속되었다. 그리고 그대로 질의응답 시간이 이어졌다.

사회자는 부장들에게 질문을 하라고 재촉했다. 그러나 모두 입을 다물었고 아무도 질문을 하려고 하지 않았다. 괜히 질문을 잘못했다가 자신이 강연의 내용을 이해하지 못했다는 것을 들킬 것이라는 긴장감이 회의실을 감싸고 있었다.

바로 그때 큰 목소리로 "질문 있습니다!"라고 손을 들며 한 부장이 일어나 질문을 하기 시작했다.

"저기, 제가 머리가 너무 나빠서 그런지 계속 생각해봐도 전혀 이해가 가지 않습니다."

그 순간 회의실의 분위기가 갑자기 활기를 띠기 시작했다. 뿐만 아니라 지금까지 침묵하고 있던 부장들이 입을 모아 "사실은 나도 전혀 이해하지 못했다"라고 이야기하기 시작했다. 당신은 질문을 한 부장과 짐짓 이해한 척 침묵을 지키고 있던 다른 사람들 중 누가 더 멋있다고 생각하는가?

나는 있는 그대로 자신을 드러낸 사람일수록 그릇이 큰 사람이라고 생각한다. 애써 자신을 감추고 포장하는 데 급급한 사람은 생각도, 행동의 크기도 덩달아 작게만 보인다.

미국의 심리학자인 캐시 애론슨은 "사람들은 완벽한 사람보다 약간 빈틈이 있는 사람들을 더 좋아한다"라는 실험결과를 발표했다. 그의 실험에 따르면 사람의 실수나 허점이 상대방에게 매력을 증진시키는 효과를 가져오는데, 이를 두고 '실수 효과 pratfall effect'라고 이름 붙였다.

따라서 때로는 자신의 부족한 점을 과감히 드러내는 용기가 필요하다. 상사라면 부하에게 자신의 부족함을 당당하게 표현하는 데 주저함이 없어야 한다. 일반적으로 사람들은 인간적인 약점을 보이면 전문성에 대한 신뢰가 떨어질까 염려하지만 결코 그렇지 않다. 오히려 인간적인 약점은 비즈니스에서 가장 저평가되고 있는 능력이다.

사람들은 자신의 약점을 드러내는 행동이 아무나 할 수 있는 쉬운 일이 아니라는 것을 잘 알고 있기 때문에, 자신의 잘못이나 무지함을 드러내는 모습에서 비난이 아닌 감동과 존경심을 느낀다.

누구나 자신의 멋지고 긍정적인 부분만 보여주고 싶어하지만, 당신이 사람들에게 완벽하게 보이려고 하면 할수록 그들은 당신에게서 멀어진다. 사람들이 당신에게 호감을 느끼고 먼저 다가서려고 하는 것은 당신 또한 자신과 같은 인간이라는 사실을 끊임없이 확인하는 과정을 통해 이루어진다. 그러므로 사람들 앞에서 당신의 쑥스러운 약점을 드러내는 데 주저하지 말아야 한다. 당신에게 인간적인 면이 있다는 사실에 사람들은 뜻밖의 감동을 얻는다. 이는 당신이 갖고 있는 신뢰감이 한층 업그레이드되는 결과를 불러올 것이다.

이제 타인의 평가만 신경 쓰는 우리들의 사고방식을 과감히 바꿔보자. 세상은 숨기지 않는 사람에게 열려 있다. 멋진 모습은 아니지만 멋진 사람이 되자. 부족한 자신을 포함해 있는 그대로의 모습을 드러내는 것은 성숙한 사람이 아니라면 할 수 없는 일이다. 조금씩 그렇게 변한다면 마흔이 되기 전의 당신은 제법 큰 여유로움을 갖게 될 것이다.

08

'근거 없는 자신감'을
권하는 이유

20대의 나는 내 의견에 늘 자신이 있었다. 당시 내가 참석하는 회의 테이블에는 항상 편집장이나 영업부장, 홍보부장 등 쟁쟁한 얼굴들이 자리했다. 그들은 회사의 스타였다. 그리고 여러 가지 안건에 관해 논쟁을 벌일 수 있는 권한을 가진 사람들이었다. 그때 나는 말단에서 겨우 벗어난 2년차 신입사원이었다. 새파란 아랫사람이었던 나는 주눅이 들어 회의에서 한마디도 하지 못했다.

그러나 회의를 관찰하다 보면 여러 가지 일들이 보인다. 당시 내 관찰의 테마는 '어떤 의견이 통과되고, 어떤 의견은 통과되지 않는가'였다. 그것에 관해 골몰히 생각하는 동안 나는 놀라운 법칙을 발견했다.

그것은 채용되는 의견일수록 의외로 근거가 없다는 것이다. 예를 들어 편집장의 '직감'이나 경영부장이 들은 '단 한 사람의 고객의 소리' 등이 제대로 된 검증도 없이 채용되었던 것이다. 그것은 데이터에 의해 검증되지도 않았고 다수의 의견을 모은 것도 아니었다. 유일한 것은 제안자의 '열정'과 '근거 없는 자신감'뿐이었다.

풋내기였던 나는 그들의 선택을 이해할 수 없었다. 모든 것이 그저 적당히 넘어가려는 태도에서 비롯된 것이라고 생각했다. 그러나 시간이 지날수록 깨달음을 얻었다. '열정'과 '근거 없는 자신감'에는 어떤 데이터도 이길 수 없다는 사실을.

만일 내가 CEO로서 결정을 해야 한다면 나 역시 같은 선택을 할 것이다. 왜냐하면 그것이 성공할 확률이 높다는 것을 알게 됐기 때문이다. 아무리 치밀하게 계산해도 비즈니스 세상에는 우리들이 예상할 수 없는 사건들이 셀 수도 없이 자주 일어난다. 이런 상황에서 필요한 것은 사전에 치밀하게 계산된 청사진이 아니라 '열정'과 '근거 없는 자신감'이다. 핑계나 데이터와 같은 근거가 있을 경우, 우리들은 그것에 의존하는 것 외에는 할 수 있는 것이 없다. 이는 근거가 무너져버린 순간 모든 것이 붕괴한다는 것을 뜻한다. 그러나 근거 없는 자신감은 절대로 무너지지 않는다. 그래서 강하다. 누구도 쓰러뜨릴 수 없다.

반대로 자신감이 없는 사람들은 필사적으로 자신의 의견을 뒷받침해 줄 근거를 찾는 데 모든 것을 건다. 그러나 그보다 중요한 것은 먼저 나만의 생각과 의지를 갖는 것이다. 나는 무엇이든 할 수 있다는 확신과 자신이 갖고 있는 능력에 대한 확고한 믿음만 있다면, 무엇이든 이길 수 있는 강력한 자신감은 자연히 생긴다. 나는 이것이 '근거 없는 자신감'이라고 생각한다.

미국의 사상가 랠프 에머슨^{Ralph Emerson}은 "성공의 첫번째 비결은 자신감이다"라고 말했다. 머리에서 발끝까지 당신을 빛나 보이게 하는 것이 바로 자신감이다. 당당하게 미소 짓고, 어깨를 쭉 펴고 걸으며, 초조함으로 횡설수설 하지 않고 아니면 아니라고 당당하게 말할 수 있는 힘이 자신감이다. 그렇기 때문에 무슨 일이든 자신감을 갖고 하는 것과 그렇지 않은 경우의 결과는 하늘과 땅 차이다.

한 소녀가 있었다. 그녀는 자신을 얼굴도 못생기고 잘하는 것도 없다고 평가하는 아이였다. 소녀는 학교의 남자아이들 전부가 자신을 싫어한다고 생각했다. 수업 시간이나 쉬는 시간에도 고개를 잘 들지 않았다. 심지어 운동회가 열리는 날에도 긴 머리카락으로 얼굴을 애써 감추려는 모습을 보였다.

그러던 어느 날 소녀는 생일을 맞았고 짝꿍이 머리띠를 선물했다. 한참을 망설이던 소녀가 용기를 내 머리띠를 해보았다.

짝꿍은 "이야, 너무 예쁘다. 너 머리띠가 참 잘 어울리는데! 네가 이렇게 예쁜 줄 몰랐어"라고 말했다.

형식적인 칭찬이었지만 소녀는 뛸 듯이 기뻤다. 처음으로 반 친구들에게 활짝 웃는 모습을 보여줬다. 집으로 돌아온 뒤에 머리띠를 다시 해봤다. 볼수록 마음에 쏙 들었다. 다음 날 학교에 간 소녀는 평소와 달리 매우 기분이 좋은 모습이었다. 모든 친구들이 자신을 주목하고 있다고 생각했기 때문이었다. 아니나 다를까, 평소 좋아하던 남학생이 주말에 영화를 보러 가자고 제안했다.

'이게 다 예쁜 머리띠 덕분이야.'

들뜬 마음을 감추지 못한 소녀가 생각했다. 바로 머리띠를 고쳐 쓰려고 머리에 손을 가져갔다. 그런데 뜻밖에도 머리띠는 없었다. 소녀는 깜짝 놀랐다. 수업이 끝나고 집에 와보니 머리띠는 책상 위에 놓여 있었다. 아침에 등교를 서두르다 벗어놓고 간 것이었다. 그렇다면 그날 소녀를 예쁘게 만들어준 것은 과연 무엇이었을까?

그것은 바로 자신감이다. 유대인을 박해하는 나치스를 피해 2년 동안 숨어 지내는 곤경 속에서도 꺾이지 않는 용기를 보여준 안네 프랑크Anne Frank는 자신의 일기에 이런 말을 남겼다.

"모든 사람의 마음속에는 좋은 소식이 있다. 바로 자기 자신이 얼마나 위대해질 수 있는지, 얼마나 많은 사랑을 베풀 수 있는지, 얼마나 많은 것들을 이뤄낼 수 있는지, 그리고 얼마나 큰 잠재력이 있는지 모를 만큼 한계가 없다는 것이다."

우리 모두의 마음속에는 커다란 거인이 숨어 있다. 그는 자신의 이름을 '자신감'이라고 소개한다. 근거가 없어도 늘 끓어오르는 자신감을 갖고 세상을 향해 나아가자.

09

내 믿음보다
강한 것은 없다

영화 〈해리포터〉 시리즈를 알고 있는가? 아마 모르는 사람은 거의 없을 것이라 생각한다. 영국에서, 아니 세계에서 가장 유명한 여성 작가라고 해도 과언이 아닌 조앤 K. 롤링Joan K. Rowling의 작품인 《해리포터》 시리즈를 영화화한 이 작품은 전세계적으로 수천만 명이 관람했다. 내 주변 사람들은 영화보다 책으로 '해리포터'를 접한 경우가 많다. 하지만 나는 개인적으로 좀 더 생생한 영상미를 기대했기 때문에 책보다 영화를 더 좋아한다.

사실 내가 〈해리포터〉를 좋아하는 가장 큰 이유는 흥미진진한 스토리나 신기한 장면이 가득 등장하는 영상미가 아니다. 그것은 바로 영화 전체를 관통하는 메시지 때문이다. 영화는 우정, 신뢰, 사랑, 마술 등 여러 주제를 내세우지만, 가장 두드러진 것은 주인공 해리가 자신의 정체성에 대해 고민하고 갈등하는 것이다. 영화는 해리를 통해 관객들에게 "자기 자신을 믿어라"라는 말을 끊임없이 전달하고 있다.

수많은 난관에 부딪힐 때마다 해리는 "열심히 하는 것보다 더 중요한 건 자기 자신을 믿는 거야", "역사상 위대했던 마법사들도 전부 처음엔 우리처럼 학생이었어. 그들이 해냈다면 우리도 문제없어"라며 스스로를 믿으며 어려움을 헤쳐 나간다.

나는 영화를 볼 때마다 이는 아마도 정부보조금으로 간신히 살아가던 이혼녀, 초라한 단칸방에서 갓난아기를 돌보며 한손으로는 유모차를 밀고, 한손으로는 글을 쓰던 작가가 자신에게 보내는 메시지가 아닐까 하는 생각을 한다. 스스로를 믿고 절대로 꿈을 포기하지 말라는 주문을 원고에 걸었기 때문에 결국엔 자신이 바라던 모든 것을 이뤄내지 않았을까?

나 역시 그녀처럼 일상생활 속에서 스스로를 믿는 것보다 강한 것은 없다는 사실을 여러 번 경험하고 있다. 서른이 되었을 무렵 연수 강사로 일하고 있던 나는 몇 번이나 머릿속이 하얘지는 경험을 했다. 지금 생각해 봐도 긴장감이 느껴질 정도로 즐겁지 않은 추억이다. 그 사건도 갑자기 찾아왔다.

상장기업의 관리직 과정 연수 프로그램을 진행하고 있을 때였다. 수강자는 40~50대 정도의 연령대가 대부분이었다. 모두

나보다 10~20살 정도는 나이가 많은 사람들이었다. "질문있습니다"라는 차분한 목소리와 함께 손을 든 사람은 잔소리꾼으로 유명한 기술개발부 과장이었다.

"이 문제의 답이 틀린 것 같습니다."

그의 질문은 확실히 일리가 있었다. 그러나 교재의 범위 내에서 보면 문제의 답은 틀리지 않았다. 문제는 그것을 답변하는 방식이었다. 먼저 논리에 논리로 맞서는 방법이다. 그러나 이것은 힘의 승부로 발전해 화근을 남길 것 같았다. 앞으로 며칠 동안 함께 생활해야 하는 그들과 힘으로 승부를 겨루는 것은 현명한 방법이 아니었다. 나는 즉시 이 방법을 머릿속에서 지웠다.

다음으로 애매하게 속이는 방법도 있다. 그러나 이것은 위험하다. 수강자들의 신뢰를 잃을 위험이 있다. 게다가 항상 모든 일을 확실하게 하고 싶어하는 내 성격으로는 도저히 용납할 수 없는 방법이었다. 그래서 이 방법도 지워버렸다.

그러자 더 이상 남은 방법이 떠오르지 않았다. 그냥 두 손 들어 항복하고 꼬리를 흔들어야 할까? 그것도 안 될 일이다. 무엇보다도 잘못된 내용을 가르친 것이 된다. 검토해볼 것도 없이 나는 머릿속에서 지워버렸다.

결국 내가 선택한 답은 다음과 같았다.

"저는 이 대답이 옳다고 믿고 있습니다."

나는 천천히 힘있게 말했다. '이것이 옳다'라고 객관적으로 단언하지 않았다. 대신 '나는 믿는다'라고 어디까지나 주관적으로 단언했다. 내가 믿고 있다는 것에 대해서 그 누구도 부정할 수 없다. 논쟁하는 것조차 불가능하다. 왜냐하면 믿는 것은 본인의 자유이기 때문이다. 잔소리꾼 과장은 확신에 찬 나의 목소리에 슬그머니 꼬리를 내렸다.

옳은지 옳지 않은지 논쟁하는 한 나는 이길 자신이 없다. 그러나 믿는지 믿지 않는지에 대해서 논쟁한다면 나는 100% 이길 수 있다. 따라서 나는 자신이 '믿고 있는' 것에 자신을 갖고 당당하게 대답했다. 옳은지 옳지 않은지는 아무 상관없다. 중요한 것은 스스로 앞으로 나가기 위해 고민하고 노력했다는 사실이다. 자신의 믿음에 동요하지 않는다면, 기회와 행운은 언제나 우리를 따를 준비를 하고 있다.

10

실패할 리스크를
각오하라

성공에 대한 수많은 이론이 존재하는 것처럼 실패에도 다양한
이론이 있다. 그중에서도 가장 재미있는 것은 실패를 즐기라는
것이다.

성공하려면 남보다 민첩하게 움직이고 자신의 역량을 최대
한 발휘할 수 있는 방법을 찾아야 한다. 그런데 남보다 뛰어나
기 위해 노력하는 과정에서 가장 많은 실패가 탄생한다. 따라서
나는 많은 실패야 말로 한 단계 전진하기 위한 가장 긍정적인
징표라고 생각한다. 가장 확실한 발전 신호는 실패를 두려워하
지 않고 과감히 시작하는 것이다.

호주의 성공한 기업가 필 다니엘스[Phil Daniels]는 실패에 대해 다
음과 같이 이야기했다.

"눈부신 실패에는 상을 주어라. 그러나 평범한 성공에는 벌을 내려라."

글자 그대로 실패를 보상하고 성공을 벌하는 자만이 놀라운 성공을 거둔다는 뜻이다. 비즈니스든 인생이든 평범한 타구는 별다른 의미를 갖지 못한다. 오히려 삼진 아웃이 더 의미 있다. 시간이 지날수록 안타보다, 심지어는 홈런보다 더 큰 힘을 가져다주기 때문이다. 홈런을 치는 사람은 삼진 아웃을 각오하고 수도 없이 배트를 휘두른 사람이다. 따라서 성장을 위해 삼진 아웃을 당한 사람은 홈런을 친 것과 같은 보상이 필요한 사람이다. 중요한 것은 실패를 거듭해도 잃지 않는 열정으로 결국엔 가장 큰 성공을 손에 쥔 사람이 되어야 한다는 사실이다.

내가 회사에서 가장 많이 하는 말은 "나는 이렇게 하고 싶다"라는 것이다. 이는 앞서 말한 '스스로를 믿는 것'과 일맥상통하는데, 나에게 있어서는 어떤 순간에도 100% 이기는 마법의 말이다.

'나는 이렇게 하고 싶다'라고 당당하게 자신의 의지를 표현하면 아무도 그 말에 트집을 잡지 않는다. 왜냐하면 그것은 나의 의지이며 나만이 결정할 수 있는 일이기 때문이다. 이렇게 말하면 훨씬 쉽게 와닿을 것이다.

"모두가 틀렸다고 생각할지도 모릅니다. 그러나 내 의견이 맞고 틀린 것은 아무래도 상관없습니다. 다만 나는 이렇게 하고 싶다고 생각합니다. 그리고 내 생각에 관한 모두의 의견에 대해 듣고 싶습니다."

회의에서 자신의 의견을 말하지 못하는 이유 중 하나는 '틀렸으면 어떻게 하지'하는 망설임 때문이다. 사실 정답을 알고 있는 사람은 아무도 없다. 수학과 달리 비즈니스 세계는 복잡하고 예상할 수 없는 일들의 연속이다. 따라서 정해진 정답은 없으며 무엇이 정답인지 알고 있는 사람도 없다.

비즈니스 세계에서는 정답을 모를 때마다 잘 될 거라는 믿음을 갖고 계속해서 시도해 보는 수밖에 다른 방법이 없다. 그때는 모두가 함께 정답을 찾으려고 해도 의미가 없다. "옳은지 아닌지 알 수 없지만 나는 이렇게 하고 싶다"라는 의사를 던져 보고 그중에서 하나를 선택해 과감히 시도해야 한다. 실패할 리스크를 각오하고 해보는 수밖에 없다.

리쿠르트 관련 기업에서 근무했을 때의 일이다. 본사 기획실에서 상품기획과 영업전략 수립 등의 업무를 하고 있었을 때 나는 20대 중반의 어린 나이로 이사나 본부장급의 임원들에게 제안을 하는 기회가 많았다. 대기업 경영자들에게 프레젠테이션을 하는 입사 2~3년차의 애송이로서는 당연히 주눅이 드는 상황이었다.

단지 나이가 어리다는 이유로 나는 늘 자신감을 잃었다. 그러다 보니 자연히 데이터나 논리에 기대려고 했다. 스스로의 생각에 자신이 없었기 때문이다. 임원들은 그러한 나의 모습을 바로 눈치 챘고 나에게 이렇게 물었다.

"해야 할지 하지 말아야 할지는 아무래도 상관없다. 당신은 그것을 하고 싶은가, 하고 싶지 않은가? 어느 쪽인가?"

사람들이 항상 궁금해 하는 것은 당신의 의사다. 당신의 의견이 실패냐 성공이냐를 논하는 것은 그 다음이다. 설사 그것이 실패로 끝난다 해도 좌절할 필요는 없다. 실패를 거치지 않고 성장한 사람들은 없다. 2,000번의 실패 끝에 스스로 걸을 수 있는 아기처럼 홀로 새로운 계단에 오를 때까지 실패하고, 다시 실패하고, 더 나은 실패를 하라. 실패를 즐기는 사람이 세상을 지배한다.

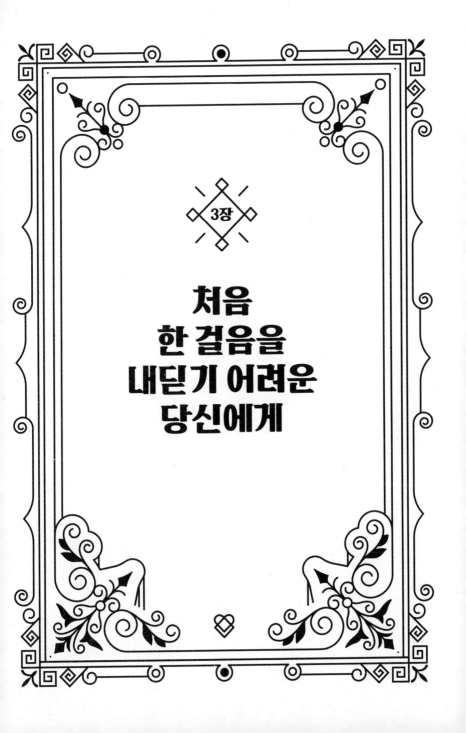

3장

처음
한 걸음을
내딛기 어려운
당신에게

01

몸을 일으키는 건
새로운 깨달음이다

이 책을 여기까지 읽고 당신은 뭔가 '느낀' 것이 있는가? 만약에 있다면 그것을 실행해 보자. 즉 '행동'하라는 말이다.

'감동感動'이라는 말이 있다. 이는 뭔가 마음속에 울림이 생겨났다면 이를 실천에 옮겨야 한다는 뜻이다. 그래야만 당신의 삶에 감동이 태어나는 것이다.

휴일 오후, 우연히 TV를 켰다가 한편의 다큐멘터리를 시청했다고 하자. 선천적 장애를 가진 사람이 그 역경을 딛고 정상인도 불가능하다고 생각되는 일에 도전, 결국 성취해낸다. 하반신이 없는 사람이 히말라야 정상을 정복한 것과 같은 이야기를 시청한 당신은 감동한 나머지 눈시울이 뜨거워진다. 살아 있다는 것은 정말 대단한 일이요, 인간에게 불가능이란 없다는 사실을 새

삼 깨닫는 계기를 가졌다면, 당신은 그 즉시 행동해야 한다.

지금껏 생각만 하고 미뤄뒀던 일들에 도전해보자. 깨달음과 행동은 하나의 세트다. 둘은 결코 분리될 수 없다. 만일 이 둘의 사이를 갈라놓으면, 당신 삶에 감동이란 결코 생겨나지 않는다.

여기서 핵심 포인트는 '물리적으로 몸을 움직이는' 것에 있다. 마음속으로 '하자'라고 결심한 단계는 행동이 아니다. 예를 들어 업무와 관련된 자격증을 취득하겠다고 생각했다면, 그 즉시 컴퓨터를 켜 통신교육과 관련된 자료를 찾아본다. 운동을 해야겠다고 결심했다면 스포츠센터를 방문해 등록한다. '좀 더 생각해보고, 내일 하지 뭐…'라는 생각에 발길을 돌리는 순간 당신의 깨달음은 무용지물이 되고 만다. 아니, 그 깨달음의 흔적과 여운이 마음에 남아 당신을 끊임없이 괴롭히다가 사라진다.

새로운 일을 시작하려면 몸과 마음을 하나로 만들어야 한다. '느끼는 마음'과 '행동하는 몸'이 항상 모순되지 않도록 밸런스를 유지할 수 있어야 한다. 그리고 둘 중 누가 이기느냐 하면 당신의 더 완고한 부분이 이긴다.

TV 다큐멘터리에서 느낀 감동은 당신에게는 새내기에 해당하는 새로운 '마음'이다. 이 '마음'의 맞은편에 지금까지 자격증을 따지 못하거나 운동을 하지 않았던 게으른 '몸'이 있다. 이 모순된 '몸'과 '마음' 중에서 어느 쪽이 승리할까? 새로운 자신과 예전의 자신을 비교해 보면 과연 어느 쪽이 더 강할까? 결론은 말할 필요도 없다. 지금까지 게을렀던 '몸'이 승리한다.

그렇다면 어떻게 해야 새내기인 '도전하고 싶다'라는 '마음'이 승리하게 될까? 아주 간단하다. '몸'을 '마음'에 맞추면 된다. 새로운 '마음'의 지원군으로 새로운 '몸'을 동원해 행동을 이끌어냄으로써 마음과 몸의 모순을 제거하면 된다.

당신의 몸은 오랫동안 쓰여지지 않았다. 그래서 그것을 다시 일으키려면 새로운 깨달음이 있어야 한다. 깨달음이 없으면 결코 당신의 몸은 깨어나지 않는다. 무슨 일을 새롭게 시작하고 싶다면 어떻게든 자극을 찾아야 한다. TV에서든, 책에서든, 지인들에게서든, 구도자나 명상가에게서든, 회사의 상사에게서든 말이다.

그리고 깨달음을 얻었다면 그 즉시 행동하라. 그러면 당신의 삶이 당신에게 상상할 수 없는 감동을 선물할 것이다.

02

오래된 상처와
당당하게 만나라

몸과 마음이 하나라는 이론을 실증하기 위해 임상심리학자들은 성실한 노력을 수행해왔다. 그들이 우울증 환자를 치료할 때 가장 심혈을 기울이는 방법이 있다. 그건 바로 '인지치료법'과 '행동치료법'이다.

'인지치료법'이란 앞에서도 살펴본 바와 같이 마음을 '리프레이밍'하는 것이다. 우울증에 걸린 나머지 모든 일을 부정적으로 생각하는 마음을 치료하는 데 탁월하다. 인지치료법은 긍정적인 행동을 할 수 있도록 도와준다. 즉 어떻게든 마음을 변화시키는 데 주력한다. 이를 통해 행동을 변화시켜 나가는 것이다.

행동치료법은 이와 정반대다. 마음은 그대로 두고 몸, 즉 행동을 먼저 변화시킨다. 예를 들어 결코 고개를 떨구지 않게 한다. 사물과 사람을 정면에서 똑바로 바라보게 하고, 어두운 표정 대신 따뜻한 미소를 짓는 습관을 주문한다. 씩씩하고 우렁차게 대답하게 하고, 슬픈 노래보다는 밝고 경쾌한 노래를 흥얼거리게 한다. 이를 통해 자신도 모르는 사이에 마음까지 긍정적으로 바뀌게 만드는 것이다.

인지치료법과 행동치료법은 강의 이편과 저편에 각각 존재하지만, 둘 다 결론적으로 지극히 옳다. 어떤 것이 더 효과적인지에 대한 논쟁은 무의미하다. 다만 서른 즈음에도 여전히 첫걸음을 내딛는 데 두려워하거나 망설이고 있다면, 행동치료법을 더 권유하고 싶다. 이는 임상심리학자들의 공통된 견해다. 사람은 나이가 많아질수록 행동보다는 생각이 더 많아진다. 이는 자연스러운 이치다. 따라서 40~50대에는 인지치료법이 더 권장되지만, 한창 왕성한 나이인 30대에는 행동치료법이 먼저 꼽히는 것이다.

지금 당장 책장을 덮고 심호흡을 하며 발코니로 나가 하늘을 올려다보며 한껏 웃어보아라. 하늘을 보며 웃는 동안에는 부정적인 생각을 하기가 어렵다는 사실을 깨닫게 될 것이다. '행동을 통해 마음을 변화시키는' 일은 그다지 어렵지 않다.

어떤 목적을 갖지 않아도 좋다. 의식적으로 밝은 곳을 바라보고, 유머와 긍정의 에너지가 넘치는 영화나 책을 의식적으로 보

라. 당신의 이 같은 행동을 통해 당신의 마음은 점점 변화를 맞이할 준비를 한다. 어떻게 보면 마음도 '행동'의 하나다. 마음은 결코 정적이지도, 고요하지도 않다. 에너지를 받으면 그것을 활용해 어떻게든 성장하고자 스스로 노력한다.

유년시절이나 20대에 받은 상처, 다시는 생각하고 싶지 않은 끔찍한 기억들에서 한 발자국도 벗어나지 못하는 사람들도 이 세상에는 많이 존재한다. 그런 사람들은 어떻게든 마음 가장 깊숙한 곳에 칼날처럼 박혀 있는 그 상처와 다시 만나야 한다. 다시 만나 그것들과 화해하고, 그것들을 떠나보내야 한다. 실연의 상처를 간직하고 있다면, 그 사람과 아름다운 사랑을 쌓았던 장소를 다시 방문해보라. 그곳에서 그를 놓아주라. 그러면 상처도 함께 날아갈 것이다. 어릴 적 아버지의 폭력 때문에 상처받았다면, 이제 그 아버지와 용기를 내 다시 만나라. 아버지가 돌아가셨다면, 아버지의 유골이 남겨진 곳으로 가서 실컷 울고 실컷 원망하고 내려와보라. 그러면 상처는 빠른 시간 내에 아물 것이다.

당신이 30대라면 기억하라. 오직 행동을 통해 당신의 마음은 눈부시게 바뀌어 나간다는 사실을.

티핑 포인트를 만드는,
start small!

깨달아도 행동하지 못하는 내 안의 바보와 싸우는 일, 거기서 30대의 모든 전투와 승부가 출발한다. 그렇다면 30대의 진검승부를 위해 당신은 어디서부터 첫발을 내딛어야 할까?

그건 바로 '스타트 스몰start small', 즉 가능한 한 단순한 것부터 조금씩 시작하는 데서 비롯된다.

작게 시작해서 탄력을 주자. 뒤집어 말하면, 처음부터 한방에 끝내려고 하지 말라는 것이다. 30대에 싸워야 할 가장 강력한 적수들 가운데 하나가 곧 '초조함'이다. 남들은 저만치 앞서 가는데, 나만 홀로 뒤처진 듯한 느낌은 당신의 몸과 마음을 강력하게 제압한다. 그래서 차근차근 올라가기보다는 엘리베이터를 타고 단숨에 정상에 도달하고자 하는 생각이 세력을 얻어 당신의 인생에서 번성한다. 그러면 그걸로 끝이다.

처음부터 난이도가 높은 승부수를 배우고자 해서는 안 된다. 조금씩 작은 일부터 시작해서 천천히 스피드를 높인다. 말콤 글래드웰의 말처럼 모든 인생에는 '티핑 포인트'가 존재한다. 티핑 포인트를 돌파하는 순간 성공은 달리는 말의 채찍처럼 빨라진다. 하지만 모든 사람에게 이 티핑 포인트가 절대적 거리로 주어지는 건 아니다. A는 10km를 달린 후 티핑 포인트에 닿을 수 있고 B는 5km, C는 100km를 달려야 자기 인생의 티핑 포인트에 도달할 수도 있다. 따라서 결코 초조해하지 마라. 중요한 건 시작이다. 그리고 시작한 다음 이를 자신의 페이스에 맞게 꾸준히 성장시켜나가는 것, 그것이 바로 30대가 반드시 가져야 할 전투 자세다.

예를 들어 나는 지금 이 책을 쓰고 있다. 처음에는 스피드가 전혀 나지 않았다. 전체의 구성이 정리되지 않고 문체가 안정되지 않았다. 시행착오를 겪고 고민하면서 몇 번이나 쓰고 지우고를 반복했다. 목차의 순서도 수없이 바꿔보았다. 이 같은 작업을 열정적으로 수행했지만 1주일, 한 달이 지나도 집필은 10페이지 분량을 채우지 못했다. 그러다가 어느 순간, 머릿속에 반짝 전구가 커지면서 설명할 수 없는 느낌이 왔다. 눈앞이 환해지면서 속도가 붙었다. 하루에 50페이지, 그 이튿날엔 70페이지를 넘겼다. 그러고는 사흘 만에 눈 깜짝 할 사이에 초고를 완성했다. 집필 초기에 나를 괴롭혔던 고통이 거짓말처럼 느껴질 만큼 경이로운 스피드였다.

이는 무거운 롤러를 굴리는 것과 비슷하다. 야구장 그라운드나 테니스 코트를 정돈하고 다지는 거대한 콘크리트 덩어리인 롤러는 처음 움직일 때는 엄청난 힘을 요구한다. 하지만 스피드가 붙으면 아주 작은 힘만 주어도 앞으로 부드럽게 움직인다. 오히려 멈추게 하는 것 이 힘들어진다. 그만큼 강력한 힘을 갖게 된다.

시작해야 할 것이 너무 많은 30대에는 단순한 것부터 조금씩 시작하는 편이 좋다. 단 한 번에 멋진 인생 프레젠테이션을 만들 수는 없다. 편안한 마음으로 밑그림을 스케치하고, 간단한 목차부터 만들어보자. 그러다 보면 점점 재미있어지고 마음이 즐거워진다. 그러면 상상을 초월하는 탄력을 받는다. 결국 티핑포인트 또한 스스로 몰입하는 사람만이 도달할 수 있는 빛나는 전리품이다.

우공이산이
이긴다

30대에 내가 가장 고민했던 일은 '다이어트'였다. 담배는 단번에 끊었다. 하지만 맛있는 음식의 유혹을 극복하기란 실로 어려운 일이었다. 나의 실패 패턴은 전형적이었다. 무리해서 한 번에 살을 빼는 데는 성공했지만 그후 리바운드 현상으로 원래 체중보다 더 늘어나는 것을 결국 막지 못해 번번이 실패하곤 했다. 하루 종일 굶거나 닭가슴살만을 한 끼 식사로 먹는 동안 참았던 식욕의 스트레스가 일순간 폭발해 내 몸매를 순식간에 망쳐놓고 만 것이다.

이 같은 다이어트는 하지 않는 것보다 더 참혹한 결과를 초래했다. 비단 나 자신뿐 아니라 이 책을 읽고 있는 여러분도 이러한 경험을 갖고 있을 것이다. 따라서 독자들을 위해 한 가지 조언하자면 다음과 같다.

'엘리베이터를 타고 단숨에 올라가면 단숨에 쿵하고 바닥으로 내려오고 만다.'

이 같은 깨달음은 내가 다이어트에 성공한 후 찾아왔다. 그렇다, 나는 하루에 조금씩 식사량을 줄여나가는 다이어트를 선택했다. 이를 꾸준히 지속하다 보니 나는 평소 식사량을 절반 가까이 줄여도 아무런 지장이 없는 몸 상태를 만들 수 있었다. 그 결과, 평소 체중보다 20kg을 줄이는 놀라운 성취를 실현했다. 한 번에 완성할 것을 여러번에 나눠서 하면, 리스크가 획기적으로 줄어든다. 이는 30대가 알아야 할 진리다.

비즈니스의 세계에서도 마찬가지다.

혜성처럼 나타났다가 혜성처럼 빠르게 사라져간 기업들은 얼마나 많은가? 주식투자로 단숨에 큰돈을 벌었다가 금융위기 이후 소리없이 명멸해간 펀드매니저들은 또 얼마나 많은가? '최연소' 타이틀을 갖고 화려하게 등장했다가 온갖 추문에 휘말려 쇠고랑을 찬 CEO들은 또 얼마나 많은가?

정치의 세계에서도 마찬가지다.

'우정국 민영화' 바람을 타고 큰 어려움 없이 당선된 '고이즈미 칠드런'의 대다수는 2009년 여름 중의원 총선거에서 낙선의 쓴잔을 마셨다. 살아남은 의원은 겨우 10명뿐이다.

이 모두가 한방에 이루고자 하는 생각에서 미끄러져 돌이킬 수 없는 나락으로 떨어지고 만 사례들이다.

30대에는 정말 작고 단순한 것부터 시작하자. 당신은 이미 20대에 당신 인생의 크고 담대한 목표들을 세웠을 것이다. 목표는 크고 담대하더라도, 그 실천은 우공이산愚公移山의 걸음걸이에서부터 시작하지 않으면 안 된다. 30대는 총 10년의 시간이다. 이 시간은 실로 길고 장대하다. 그런 만큼 조급하게 황새걸음을 흉내 내지 말고 뱁새의 걸음으로도 우아하게 걸을 수 있다는 사실을 명심하자.

처음부터 높은 허들을 넘다보면 나중에는 숨이 찬 나머지 허들이란 허들은 모조리 쓰러뜨리고 만다. 뛰지 말고 걸어라. 전력질주하면 겨우 앞만 볼 수 있을 뿐이다. 옆과 뒤를 보며 견고하게 걸을 수 있을 때 당신의 30대는 난공불락의 요새가 될 것이다.

05

매일 0. 2%라도
자신의 최고 기록을 갱신하라

30대에 해서는 안 될 일 하나만 꼽으라면 나는 주저없이 다음을 들겠다.

'남과 나 자신을 비교하지 마라.'

남과 자신을 비교하는 일은 자기혐오만을 낳을 뿐이다. 왜냐하면 타인과 자신을 비교했을 때 대부분의 사람들은 '자신의 단점'과 '타인의 장점'을 비교하는 오류에 빠지기 때문이다. 따라서 처음부터 승부에서 패배하는 건 당연하다.

예를 들어 당신이 어눌한 말주변을 갖고 있는데, 뛰어난 달변가와 당신 자신을 비교한다고 해보자. 다른 분야에서는 자신이 더 우수하다는 것을 잊고 잘 못하는 분야만을 남과 비교해서 스스로 비관한다. 비관은 자학으로 이어진다. 세상에서 가장 대책 없는 것이 바로 자기학대다. 자기학대는 놀라울 만큼 빠른 속도로 놀라울 만큼 깊은 수렁에 자기 자신을 밀어넣는다. 이처럼 바보 같은 짓을 할 시간이 30대에게는 터럭만큼도 없다.

비교를 그만두는 대신 자신의 최고 기록을 갱신하는 일에 묵묵히 도전하자. 단 1mm라도 좋다. 어제의 나보다 나은 오늘의 내가 되도록 노력하자. 그 노력을 통해 데일리 베스트를 갈아치웠다면 스스로 자신을 칭찬한다. 그 기록이 타인의 기록에 크게 미치지 못하는 것이라도 하등 상관없다. 타인의 기록을 엿보는 일은 단호하게 그만두자. 그것이 중요하다.

세계적인 교육전문가가 발표한 흥미로운 연구결과가 있다. 여기서 한번 소개해보자.

그는 4살 이상 6살 미만의 유아 1,000명을 대상으로 영어학습의 효과를 측정하는 연구를 실시했다. 이른바 명문 영어유치원에서 조기영어 교육을 받고 있는 유아 500명과 평범한 유치원에 다녀 영어를 별로 접하지 못한 유아 500명을 비교한 것이다.

처음에는 영어유치원에 다니는 유아들이 그렇지 않은 유아들보다 영어학습에서 매우 빠른 발전을 보였다. 물론 이는 당연한 결과일 것이다. 그런데 이들 연구대상 유아들이 고등학교에 진학하고 났을 때는 이야기가 사뭇 달라진다.

전체 유아들이 고등학교 3학년이 되었을 때 영어실력을 측

정해보니, 영어유치원을 다녔던 유아들과 그렇지 못한 유아들 사이에 별반 실력에서 차이가 없었다. 즉 비싼 돈을 들여 영어를 배웠던 당시에만 반짝 앞섰을 뿐, 성장하면서 점점 아무런 차이가 나지 않았던 것이다. 따라서 지금 유행처럼 번지고 있는 조기 영어교육의 효과는 결코 오래가지 못한다는 사실이 입증되었다.

이는 매우 중요한 시사점을 가진다. 영어유치원에 다녔던 유아는 스스로 영어를 좋아해서라기보다는, 부모의 유별난 교육열이나 관심에 힘입어 잠시 잠깐 두각을 나타냈을 뿐이다. 오히려 정규교육만을 받았을 뿐이지만 영어에 관심을 스스로 가지고 자기주도적 학습을 한 학생들의 실력이 훨씬 더 뛰어났다.

중요한 건 영어에 대해 자기주도적 학습습관을 갖느냐의 여부일 뿐, 영어를 하루라도 더 빨리 배워야 잘할 수 있다는 건 그저 착각이었던 것이다.

그렇다, 30대는 반드시 자기주도적 삶을 살아야 한다. 누가 좀 더 앞서고, 누가 뒤처지고 하는 것은 착시현상일 뿐이다. 당신의 삶을 당신 스스로 개척하고 있다면 타인의 기록은 절대 문제가 되지 않는다.

매일 0.2%라도 자신의 최고 기록을 갱신하라. 알겠는가? 2%도 아니고 20%도 아니다. 겨우 0.2%다. 그 정도라면 당신도 가능할 것이다. 그것을 365일간 반복한다면 얼마나 진보할 수 있을까? 계산해보면 바로 알 수 있을 것이다. 1년 동안 지금보다 2배로 성장하게 된다.

두께 0.1mm의 신문지를 몇 번 접어야 달에 도달하는지 아는가? 현실적으로 그만큼 접는 것은 불가능하지만 이론적으로 계산해 보면 42번 만에 달까지 도착한다고 한다. 작은 일도 조금씩 반복하게 되면 아주 큰일을 이룰 수 있다.

06

매일 한 편의
시를 읽어라

성공한 사람의 거짓말에 속아서는 안 된다.

GE의 잭 웰치와 파나소닉의 창업자 마쓰시타 고노스케는 30대 비즈니스맨들에게 다음과 같은 조언을 들려주었다.

"불가능하게 보일 정도로 원대한 목표를 설정하라. 그리고 그것을 반드시 달성하라."

하지만 이는 거짓말이다. 사실 그들 또한 처음에는 작고 단순한 일부터 시작했다. 그러다가 탄력을 받고 티핑 포인트를 돌파하면서 담대한 목표에 눈을 뜨기 시작한 것이다. 처음부터 원대한 목표와 꿈을 향해 일로매진한 것이 아니다. 기회를 차근차근 준비하다 보니, 결국 기회가 그들을 찾아간 것이다.

이를 다시 말하면 모든 일에는 순서가 있다는 것이다. 그 순

서를 임의적으로 바꾸려고 하는 사람은 뒤죽박죽한 삶을 살고
만다. 서문도 읽지 않은 채 책의 결론부터 펼쳐드는 사람은 그
만큼 빨리 싫증을 내고 지쳐버린다. 세간에는 바쁜 비즈니스맨
들을 위해 도서 요약본 서비스를 하는 업체가 성업 중이다. 400
페이지가 넘는 책을 100페이지짜리로 축약해 독서통신 교육을
하는 업체도 각광을 받고 있다. 하지만 이들 서비스를 이용하는
사람들 가운데 성공하는 자는 거의 없다. 다른 사람이 요약해준
것을 읽고 무엇을 할 수 있겠는가?

한 권의 책 안에는 그것을 집필한 저자의 피와 땀이 행간마
다 스며들어 있다. 독서란 바로 그 열정어린 행간을 자신의 것
으로 만드는 것이다. 그래서 독서는 고통을 즐기는 작업과도 같
다. 그런데 그 같은 고통을 생략한 채 결론을 얻으려는 시도는
결국 아무것도 배우지 못하는 결과를 낳는다. 한 문장, 한 문장
손으로 짚어가며 탐독한 사람을 결코 이기지 못한다.

언젠가 직장 후배가 나를 찾아와 인생 상담을 한 적이 있었
다. 그때 나는 말없이 매일 한 편의 시를 읽을 것을 권유했고, 내
가 감명받았던 시인의 시집 한 권을 선물로 주었다. 그러자 그
는 황당하다는 듯 나를 쳐다보았다.

"선배님, 시를 읽으라고요? 제가 왜 시를 읽어야 합니까? 저

는 시에 전혀 관심이 없습니다. 그리고 대체 시가 지금 제 고민에 무슨 도움이 된다는 거죠?"

"자네는 태어나서 지금껏 한 번도 시를 읽어본 적이 없나?"

"읽긴 했었죠. 고등학교 때 교과서에서요."

"아니, 그건 그저 대학시험을 위해서 주제가 어떻고 소재가 어떻고, 그 문학사조가 어떻고… 자네의 문학 담당 교사가 불러주는 대로 시문 옆 여백에 필기나 하고 말았겠지?"

"하긴, 그렇습니다. 사실 제대로 읽어본 적은 한번도 없군요."

"그래서 읽어보라는 거네. 정말 진지하고 빛나는 인생을 찾고 싶다면 매일 한 편씩 이 시집을 탐독해보게. 그저 마음이 가는 대로 읽어보게나. 그러고 나서 다시 나를 찾아오게."

그리고 두 달 후, 그는 다시 나를 찾아왔다. 그의 눈빛은 몰라보게 달라져 있었다. 깊이가 있어보였고 말투 하나하나에 그윽함이 묻어났다.

"선배님 말씀대로 처음엔 지루하고 괴로웠지만 한번 속는 셈치고 잠자리에 들기 전에 한 편씩 읽어보았습니다. 그런데… 거기에는 제가 몰랐던 세계가 들어 있더군요. 마음이 편안해지고 제 삶과 일상, 일, 가족들을 반추해보는 기회를 가질 수 있었어요. 정말 소중한 경험이었습니다."

그후 그는 뜻이 맞는 사람들과 문학 커뮤니티를 만들어 정기적으로 시 낭독회를 갖기도 하고, 더 많은 시인들의 작품을 감상하는 일을 인생의 즐거움으로 삼았다. 나아가 등단까지도 꿈꾸며 틈틈이 자신의 시를 쓰고 다듬고 고치면서 새로운 삶의 길을 열어나갔다.

이처럼 당신이 전혀 몰랐던 인생의 길을 발견하기 위해서는 '불가능할 정도로 원대한 목표를 설정'하는 것부터 시작해서는 안 된다. 그것은 너무 꽉 짜여진, 빈틈없는 인생만을 강요받는 것이나 다름없다. 작고 사소하지만 다양한 일들을 접하고 경험해보라. 그러면 생각지도 못했던 당신의 삶을 찾을 수도 있다.

나 또한 남들처럼 불가능해보일 정도로 원대한 목표를 '처음부터' 설정해서 실패한 적이 몇 번이나 있다. 지금 근무하고 있는 회사의 매출목표도 그렇다. 그것은 자신에게도 회사에게도 사원들에게도 패배하는 습관을 길러주는 결과를 낳았다. 그것이 얼마나 어리석은 짓인지를 깨닫고 나서는 새롭게 궤도수정을 하게 되었다. 먼 길을 돌아온 것이다. 먼 길을 돌아오다 보니, 그간 발견하지 못했던 새로운 길들도 많이 알게 되었다.

성공한 사람은 진실을 말해주지 않는다. 성공하기 전의 실패를 감추고 멋진 모습만 이야기한다. 그것만 믿고 처음부터 무리하면 안 된다. 순서를 지켜야 한다.

순서를 지키면 새로운 길을 만나게 될 것이다.

07

확실한 것은 없지만
확신은 있다

망설여진다면 일단 도전하라. 무한도전하는 자만이 무한기회를 얻는다.

'검토해 보겠습니다'라는 말은 사전에서 무조건 지워라. '해 보겠습니다!'라는 말을 그 자리에 대신 채워넣어라.

당신은 CEO다. 당신 인생의 최고경영자란 뜻이다. CEO에게 가장 중요한 덕목이 무엇인가? 그건 바로 '즉결즉단即決即斷'이다. 그 자리에서 결정하는 것이다.

미국 실리콘밸리에서 성공한 벤처기업들의 CEO들은 평균 의사결정에 3분이 채 걸리지 않는다는 연구결과도 있다. 1억 달러, 10억 달러 단위의 결제를 단 몇 분 만에 처리한다. 비즈니스란 그런 것이다. 망설이는 자에겐 어떤 기회도 찾아가지 않는다는 사실을 그들은 잘 알고 있다.

따라서 당신의 '인생'이란 주식회사의 CEO인 당신 또한 즉 결즉단의 자세를 갖춰야 한다. 나중으로 미뤄서는 안 된다. 갈 림길에서 망설이고 있다면, 어떤 길이든 즉시 하나를 선택해서 가보라. 설령 그 길이 낭떠러지로 이어진 길이라 할지라도 다시 돌아나오면 된다. 그러면 다른 길로 다시 진입하는 시간이 빨라 진다. 갈림길 앞에서 손가락만 깨물고 있으면 평생 손가락만 너 덜해진다.

먼저 '노no'가 아니라 '예스yes'부터 시작하라. 일단 해보고, 이 건 아니라는 생각이 들면 그 즉시 그만두면 된다. 이 같은 실패 는 정신건강에도 좋다. 그리고 다음을 준비하는 강력한 보약이 된다. 무엇보다 경험이라는 귀중한 결실을 손에 넣을 수 있지 않은가? 따라서 시간이 허락하는 한, 체력이 허락하는 한 무한 도전에 나서도록 하라. 도전이 많으면 그만큼 성공할 기회도 많 아진다.

나의 30대에도 중요한 갈림길이 있었다. 즉 잘나가던 대기업 을 그만두고 직원이 10명도 채 안 되는 벤처기업으로 전직하고 자 했을 때 정말 많이 망설였다. 망설여진다는 것은 매력을 느 끼고 있다는 증거다. 시소의 반대편에는 장애물과 리스크가 있 다. 그래서 고민한다. 나는 반나절을 고민한 끝에 그날 안에 새로 시작하기로 결정했다. 거기에 확실한 근거나 계산은 없었다. '망설여진다면 무조건 해보자'라는 나 자신의 방침에 따랐을 뿐이다.

첫걸음을 내딛지 못하는 많은 사람들은 새로운 시작을 해야 할 확실한 이유를 찾을 때까지 하염없이 망설이기 때문이다. 하지만 안타깝게도 우리의 인생에는 '확실한 길'이란 존재하지 않는다.

성공한 CEO들을 몇천 명이나 대면 인터뷰해 온 나는 잘 알고 있다. 그들의 첫걸음은 모두가 무모하다고 생각한 지점에서 출발했다는 것을 말이다. 그들의 첫걸음은 직감에 의한 것이었다. 확실한 것은 없지만 '확신'은 우리 삶에 존재한다. 그리고 그 확신은 첫걸음을 뗀 사람만이 만들어나갈 수 있다. 성공한 CEO들은 자신의 첫걸음을 무한 신뢰했고, 이를 주변사람들에게 납득시키기 위해서, 무엇보다 자기 자신을 납득시키기 위해서 총력을 기울였다. 확신은 그렇게 만들어진다.

다시 한번 강조하지만 당신이 현재 망설이고 있다면, 당신은 그 선택에 매력을 느끼고 있다는 것이다. 하지만 매력만으로는 인생을 살아갈 수 없다. 매력을 확신으로 만들겠다는 생각으로 과감하고 당당하게 첫발을 떼라.

08

메일 박스만 정리해도
인생이 달라진다

내가 처음으로 경영자 세계에 발을 내딛은 것은 33살 때였다. 그때까지는 '리쿠르트'라는 벤처정신이 넘치는 대기업에서 일했다. 그래서 업무처리 스피드에 관해서는 누구보다 자신이 있었다.

하지만 나는 IT 벤처기업으로 자리를 옮긴 후 그곳에서 자신감을 잃었다. 그곳의 업무처리는 리쿠르트보다 몇 배나 빠른 스피드로 진행되고 있었다. 나는 그 소용돌이에 휘말려 질식해버릴 것만 같았다. 업무처리 방법을 근본적으로 바꿔야한다는 것을 깨달았다.

그러다가 내가 다시 일어설 수 있는 기회를 얻은 건 아주 작은 일에서였다. 바로 e메일의 처리방법을 바꾼 것이다. 그때까지 나는 받은 e메일은 모두 삭제하지 않은 채 그대로 쌓아두고 있었다. 그러다 보니 이미 확인한 메일과 읽지 않은 메일, 스팸 메일 등이 뒤죽박죽 섞여 있었다. 당연히 답장을 보낸 메일과 아직 답장을 하지 않은 메일 또한 어지럽게 섞여 있었다. 즉 내 메일 박스는 정리되지 않은 채 방치되어 있었다.

하지만 당시의 나에게는 그것에 관한 자각이 없었다. '나중에 읽어야지', '나중에 답장하자'라고 생각하며 미루는 것으로 스스로를 속이고 있었던 것이다. 그래서 블랙홀처럼 복잡해지고 해야 할 일이 점점 쌓여서 결국에는 펑하고 터져버렸다. 중요한 클라이언트 두 사람이 있었는데, 그들에게 보내야 할 답장 메일을 서로 바꿔서 보내버리고 만 것이다. 잘못 배달된 메일을 받은 클라이언트들은 무슨 생각을 했겠는가? 나라도 나와 같이 일하는 사람에겐 결코 신뢰를 줄 수 없었을 것이다.

이 중대한 사고는 나를 깊이 반성케 했다. 그리고 내 행동을 변화시켰다. 비즈니스를 떠나서 이 같은 인생을 살아서는 결코 안 된다는 사실을 뼈저리게 깨달았다.

그 후 나는 받은 메일함을 항상 비워두었다. e메일이 오면 다른 업무를 처리하고 있더라도 그 즉시 반드시 메일 박스를 열어 읽었다. 그리고 읽고 나면 반드시 그 자리에서 답장을 보냈다. 철저하고 가혹하리만치 결코 미루지 않았다. 답장한 e메일은 반드시 삭제했다. 답장할 필요가 없는 것도 미루지 않고 그 자리에서 읽었고, 읽고 난 후에는 그 자리에서 바로 삭제했다. 보관해야 할 것은 보관함으로 옮겨 놓았다. 무조건 받은 메일함은 항상 비워놓았다.

이 같은 새로운 습관은 나에게 획기적인 변화를 가져다주었다. 거짓말처럼 업무 스트레스가 줄어들었다. 스피드가 빨라졌다. 혼란이 사라졌다. 좋은 일들만 생겼다.

게다가 그 변화는 e메일 처리방법에 그치지 않았다. 다른 모든 행동도 미루지 않고 그 자리에서 바로바로 처리하기에 이르렀다.

나중에 하자고 미룬 것은 평생 하지 못한다. 지금 할 수 없는 명확한 이유가 없는 한, 지금 바로 이 자리에서 반드시 처리하자. 그 습관은 당신의 30대를 여유와 행복, 그리고 성취감으로 이끌 것이다.

'must'를
'want'로 바꿔라

첫걸음을 내딛지 못하는 또 하나의 중요한 이유는 '의욕'이 생기지 않기 때문이다. 이는 매우 주의해야 한다. 당신은 해야 할 '의무'에 속박당해 있을 가능성이 높다. 그럼에도 불구하고 당신은 이런 삶을 익숙하게 받아들이고 있을지도 모른다. 오랫동안 우리는 이 사회와 세상이 정한 안전망 안에서 살아가는 것을 강요받아 왔기 때문이다. 이 모든 것이 바로 주입식 교육의 병폐라고 할 수 있다. 세상이 정한 성공방식만을 추종하며 살아가면 삶은 온통 의무로 가득 차고 만다. 그러면 아무것도 새롭게 시작할 수 없다. 새롭게 출발하지 않아도 되는 삶을 당연하게 받아들이는 것은 가장 큰 고통이자 괴로움이다. 그럼에도 우리는 그것을 인지하지 못한다. 실로 무서운 일이 아닐 수 없다.

첫걸음을 떼고 싶다면 당신의 머릿속에서 '해야 한다'가 아니라 '하고 싶다'로 삶이 바뀌어야 한다. 머스트^{must}가 아니라 원트^{want}하는 것이다. 그러면 새로 시작할 수 있는 용기가 생긴다.

머스트를 원트로 바꾸는 비결이 있다. 아무리 노력해도 '하고 싶다'로 전환되지 않는 일이 있다면 그 일을 하는 '방법'이라도 '하고 싶다'로 전환하는 것이다.

예를 들어 영업사원이 매출을 높이기 위해서는 고객을 만나는 횟수를 늘려야 한다고 하자. 이는 단순한 '의무'일 뿐이다. 아마도 하고 싶다는 생각이 들지 않을 것이다.

여기서 우선 당신은 고객을 만나는 횟수를 늘리는 것을 '하고 싶다'라고 전환하는 것에 먼저 도전해야 한다. 목표를 달성했을 때의 쾌감을 생각해보자. 스스로가 성장해서 최고 영업사원이 되었을 때의 멋진 자신을 상상해보자. 그것으로 충분하다. 분명 당신은 한발 앞으로 나아갈 수 있는 사람으로 변해 있을 것이다.

하지만 그것으로도 한발 앞으로 나아가지 못할 때가 문제다. 그때 효과적인 것이 '방법'이라도 '하고 싶은' 것으로 전환하는 것이다.

앞의 예로 말하자면 고객을 만나는 횟수를 늘리기 위해서 무작위로 고객을 방문하거나 전화영업을 잠시 중단하자. 만약 당신이 그림을 그리거나 글을 쓰는 것을 좋아한다면 그것을 활용해서 DM이나 팩스, e메일을 사용한 접근방법으로 바꿔보자. '하는 일'은 머스트이지만 그 일을 하는 '방법'은 원트로 바꾸자. 스스로가 '하고 싶다'라고 생각하는 '방법'으로 '해야 할'일을 처리하는 것이다. 그러면 간단하게 머스트에서 원트로 변한다.

당신이 의무적으로 일을 하는 한, 당신은 당신의 능력을 80% 밖에 발휘하지 못할 것이다. 그러나 '하고 싶다'는 마음으로 변한다면 120% 이상의 능력을 발휘할 수 있을 것이다.

일을 하는 '방법'만이라도 머스트를 원트로 전환하자. 30대부터 '해야 할 일'이 획기적으로 많이 늘어나는 당신에게 강력한 무기가 되어줄 것이다.

10

자아도취의
습관을 길러라

내가 앞으로 전진하기 어려울 때 가장 자주 활용하는 방법이 있다. 즉 나 자신에게 용기를 북돋워주는 방법이다. 이는 강력한 효과가 있다.

예를 들어 소개해보겠다.

지금 이 시간, 내일 아침에 고객에게 제출해야 할 대량의 자료를 작성해야 한다고 가정하자. 게다가 그것은 지금까지 한 번도 해본 적이 없는 미지의 영역의 일이라고 하자. 잘할 수 있을 것이라는 보증도, 확신도 없다. 설령 자신이 잘할 수 있는 일이라고 해도 어쨌든 불안감을 감추지 못하는 상황이다. 그럴 때는 누구나 '내가 잘하지 못하면 어떻게 하지?', '고객의 마음에 들지 않으면 어떻게 하지?', '과연 내일 아침까지 이 서류를 완성할 수는 있을까?' 하는 두려움에 휩싸인다. 이 같은 두려움은 잠재의식 속에 한심한 자신을 새겨넣을 뿐이다. 이때는 생각을 멈춰야 한다. 그리고 다른 생각으로 전환시켜야 한다. 그러면 막연한 불안과 두려움은 건강한 긴장감과 설렘으로 바뀔 것이다.

이처럼 두려움과 불안이 엄습하는 상황을 맞이했을 때 나는 매우 어려운 새로운 영역의 일을 성공시키고 자신만만해했던 과거의 내 모습을 떠올린다. 그 당시에도 처음에는 절망적인 상황이었다. 하지만 끝나고 보니 아무것도 아니었다.

베이스캠프에서 에베레스트 등정을 하루 앞둔 알피니스트, 나는 곧잘 나 자신을 그렇게 세팅한다. 많은 사람들이 나를 주목하고 있다. 내가 한 발 한 발 내디딜 때마다 그들은 나보다 더 긴장한 모습으로 이를 지켜본다. 그만큼 나의 한 발 한 발은 정말 중요한 일에 쓰이고 있다. 이 같은 소중한 기회를 준 것에 감사하고, 또 이 감사함을 반드시 박수 받는 결실로 보답해야 한다.

이렇게 나를 상상해보라. 그러면 정말 싱싱한 긴장감이 솟아오를 것이다. 다시 구두끈을 조여매고 마음을 다잡게 될 것이다. 당신 앞에 어른거리는 졸음과 게으름이 싹 달아날 것이다. 지금 당신이 밤새워 하고 있는 일이, 당신 인생의 최고의 일이라고 생각하는 습관을 들이면, 못 해낼 것이 없다.

모두가 퇴근한 사무실 안에서 마음껏 소리쳐 보라.

'그래! 나는 잘났다! 내가 이 사무실에 있는 사람들 모두를 먹여살린다! 나는 할 수 있다! 그래서 나는 소중하다!'

또한 좋아하는 음악을 크게 틀어보자. 새로운 의욕이 당신을 지배하기 시작한다. 그러고는 음악을 끈 후 다시 찾아온 고요함을 벗삼아 일에 힘껏 매달려보자. 에베레스트 등정을 마치고 하산한 후 기자회견을 위한 답변들을 소리내어 말해보자.

농담처럼 들리는가? 결코 그렇지 않다. 내가 만난 CEO들은 밤에 그렇게 신나게 놀면서 일을 즐긴다. 어두운 표정으로 한숨을 쉬면서 '휴… 이렇게 많은 양의 자료를 내가 정말 완성할 수 있을까… 어림도 없어…'하며 눈을 감는 것과 스스로에게 용기를 주고 승리의 제스처를 취하고 있는 것 사이에는 하늘과 땅 차이의 거리가 존재한다.

한심하다고 느껴진다면 하지 않아도 좋다. 하지만 효과가 있을 거라고 조금이라도 생각된다면 반드시 시도해보라.

건강하고 활력 넘치는 자아도취는 당신에게 멋진 에너지를 선물한다.

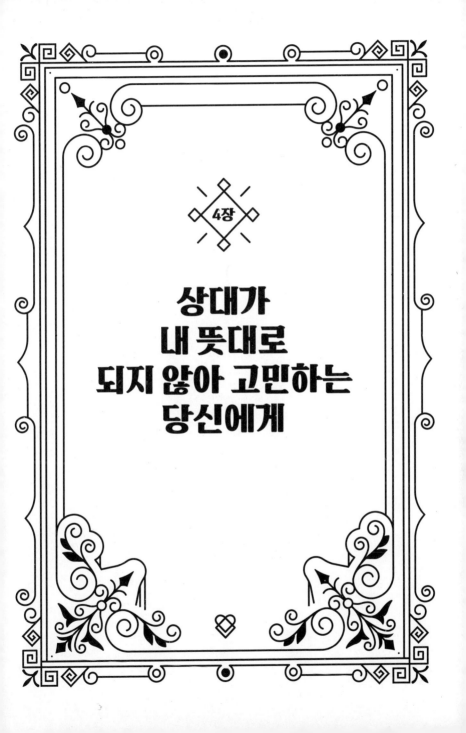

4장

상대가
내 뜻대로
되지 않아 고민하는
당신에게

01

상대에게 완벽을
바라지 마라

"다나카 부장의 이번 연설은 정말 형편없었어. 이래서야 부하들이 어떻게 믿고 따를 수가 있겠어. 그뿐만이 아니야. 다나카 부장은 리더십도 부족하잖아. 안 그래?"

저녁 9시쯤 되면 좁은 도로에 즐비하게 늘어선 작은 선술집이나 음식점에는 샐러리맨들로 넘쳐난다. 업무를 끝내고 동료들과 함께 술잔을 기울이며 그날의 스트레스를 푸는 것이다.

그들은 모이기만 하면 여지없이 상사 중 누군가를 도마 위에 올려 놓고 소리 높여 그를 비판한다. 그렇게 형편없는 상사라면 심각해야 할 상황인데도 웬일인지 그들은 즐거운 표정이다. 상사의 험담을 하면서 스트레스를 풀고 있기 때문일 것이다.

그런데 한번 생각해보자. 상사를 비판하고 있는 그들도 언젠가는 상사가 된다. 그때 그들은 지금의 상사와는 달리, 인성도 훌륭하고 일 처리도 완벽하며 모든 일에 합리적인 상사가 되어 있을까? 아마도 그렇게 완벽한 존재가 되기는 누구라도 어려울 것이다.

20대에 나는 상사가 완벽하기를 바랐다. 그래서 빠르게 결정을 내리지 못하고 일관된 태도를 취하지도 않으며 감정을 주체하지 못해 이리저리 폭발하는 그들이 문제투성이로만 보였다. 그런 내가 30대에 들어서 누군가의 상사가 되었을 때 비로소 그것이 잘못되었다는 것을 깨달았다. 상사가 된 나는 전혀 완벽하지 않았다. 비참할 정도로 단점이 발견되었고 매일 실수투성이인 미숙한 존재였던 것이다.

무엇보다도 상대방이 전혀 내가 예상한 대로 움직여주지 않았다. 부하들은 지시한 대로 하지 않고 가르친 대로 일하지 않았다. 그런데도 불구하고 뒤에서 상사의 비판이나 하고 있었다. 어떤 점이 잘못된 것인지 충고라도 하면 점점 더 반발할 뿐이었다. 그런 팀원을 모두 자르고 전부 다시 뽑으면 얼마나 좋을까라고 생각하기도 했다.

내 생각대로 되지 않는 것은 가정에서도 마찬가지였다. 직장이라는 전장에서 싸우다 지쳐 집으로 돌아가면 언제나 불평을 쏟아내는 아내가 기다리고 있었다. 나는 아내의 잘못된 점을 하

나하나 정중하게 지적해주었지만 그때마다 아내는 더 토라지
곤 했다.

"나한테 그렇게밖에 얘기 못하겠어? 왜 그렇게 차가운 말투
로 얘기하는 거야?"

나는 이해심이 없는 아내가 어떻게든 깨달아주길 바라며 참
고 견뎠다.

그때 나는 상대방을 바꾸려고 필사적으로 노력했다. 나쁜 점
을 지적하고 상대를 변화시키려 무언가 지적하기에 바빴다. 그
러나 단 하나도 내 마음대로 되는 것은 없었다. 상대방도 마찬
가지였다. 그들도 나를 바꾸려 했다. 그리고 고민 끝에 어느 날
겨우 깨닫게 되었다.

'상대를 바꾸는 것은 불가능하다.'

당신도 그렇지 않은가? 누군가가 당신의 감정이나 사고방식
이나 가치관을 마음대로 바꾸려고 하면 정말 싫을 것이다. 스스
로를 바꾸는 것도 하지 못하면서 남을 바꾸려고 하는 것은 어
리석은 일일지도 모른다. 변해야 하는 것은 상대방이 아니라 나
자신이다.

컨설턴트인 한 선배는 이런 말을 들려주기도 했다.

"서른이 되기 전에 회사를 비판하지 않은 사람은 근성이 없
는 사람이다. 그러나 서른을 넘어서도 회사를 비판하기에 바쁜

다면 그 사람은 바보다."

이제 우리는 상대방의 부족한 부분을 채워줄 수 있는 사람이 되어야 한다. 상사나 동료, 또는 가족에게 부족한 점이 있다면 당신이 도와줄 수 있는 기회라고 생각하자. 여기에 당신이 존재하는 의미가 있는 것이다. 상대가 너무 완벽해서 당신이 나설 차례가 없다면 그 편이 더 슬프지 않겠는가!

상대방의 나쁜 점이나 잘못된 부분을 보더라도 용서해주자. 훌륭한 사람은 많지만 완벽한 사람은 세상에 존재하지 않는다. 상대방의 나쁜 면을 따지고 공격할 것이 아니라 그들의 부족한 점을 조용히 채워주자. 상대가 너무 완벽해도 재미없을 것이다.

02

타인은
나를 비춰주는 거울이다

농부가 일을 하고 있는데 어떤 사람이 다가와 물었다.

"이 마을에 오래 사신 분인가요? 제가 이 동네로 이사를 할까 하는데 동네사람들은 좀 어떻습니까?"

"전 태어나서 이곳을 떠나본 적이 없는 토박이입죠. 이 동네 사람이라면 제가 잘 압니다. 그나저나 전에 살던 동네사람들은 어땠습니까?"

"아이고, 말도 마세요. 얼마나 냉랭하고 이기적이었는지 같이 지내고 싶은 사람들이 아니었지요."

"그래요? 이 동네에도 그런 사람들이 살고 있습니다. 댁 마음에 들지 않겠는데요."

며칠 후 또 다른 한 사람이 다가와 물었다.

"이 동네로 이사를 할까 하는데 동네사람들은 어떻습니까?"

"이 동네사람이라면 제가 잘 압니다만 전에 살던 동네사람들은 어땠습니까?"

"좋은 사람들이었어요. 모두 친절하고 상냥해서 정이 많이 들었죠. 이사를 하게 되어서 많이 아쉽습니다."

"그래요? 이 동네에도 그런 사람들이 살고 있습니다. 마음에 꼭 들겠군요."

흔히 사람들은 다른 사람의 장점보다는 단점이나 잘못된 부분을 먼저 보고 그 점을 비난하기에 바쁘다. 그런데 자세히 들여다보면 상대방의 거슬리는 행동이나 보기 싫은 모습은 평소에 자신이 싫어했던 나의 모습일 때가 많다. 다른 사람을 통해 나의 싫은 부분이 가시화되기 때문에 그것을 참기 힘들어하는 것이다.

이러한 부정적인 느낌을 사람들은 타인의 단점을 더 많이 들춰내고 비난함으로써 해소한다. 자신의 단점은 그나마 낫다는 우월감을 느끼고 죄책감이나 죄의식을 숨길 수 있기 때문이다.

내가 상대를 바라볼 때 인식하게 되는 모습이 곧 나의 모습이고 상대가 나에게 하는 행동은 내가 언젠가 그에게 했던 행동일 수 있다. 지금 당신은 주변 사람들을, 그리고 자신이 처한 상황을 어떻게 받아들이고 인식하고 있는가?

안정된 상태일 때 우리는 상대방이 나와는 다른 존재이며 서로 다른 성격, 개성, 생각을 가지고 있기 때문에 그것을 인정하고 받아들여야 한다고 생각한다. 그리고 그렇게 상대를 대접해야 한다는 사실을 가슴 깊이 새겨두고 있다. 하지만 안 좋은 상황에 빠지거나 부정적인 감정이 들 때 상대방의 단점이 보이면 그 사실을 망각하고 이 기회에 그 버릇을 뜯어고쳐주겠다는 듯 달려들어 비난하고 자기 영향력을 행사하려 든다.

이때는 마음의 여유를 가지고 일단 한발 물러서서 다른 사람이라는 거울에 비춰진 자신의 모습을 볼 수 있어야 한다. 직접 감정적 대응이나 행동으로 부딪히지 말고 자신의 단점을 인정하고 타인도 그러한 단점이 있을 수 있음을 받아들이고 이해하자.

심리학자 칼 융은 "어떤 사람을 싫어하는 이유를 잘 살펴보면 자신을 이해할 수 있다"고 했다. 타인을 있는 그대로 인정하고 단점 대신 장점을 볼 수 있다는 것은 자신을 인정하고 내가 가지고 있는 좋은 점을 발견할 수도 있음을 뜻한다.

평소에 상대의 단점을 찾기보다 장점을 찾으려고 부단히 노력해보라. 트집을 잡고 비난할 때보다 칭찬하고 격려할 때 자신의 기분도 훨씬 좋아진다는 것을 느낄 수 있을 것이다. 또한 내가 누군가에게 바라는 점이 있다면 나 스스로 먼저 그런 모습을 보여주자. 내가 누군가에게 서운한 점이 있다면 내가 그 사람을 서운하게 하진 않았는지도 되돌아볼 필요가 있다.

행복도 기쁨도 미움도 모두 자신의 마음속에서 시작된다. 상대방의 단점이 곧 나의 부족함이 될 수 있음을 인정하고 포용하자. 그리고 그들의 장점에 집중하자.

그들이 내 곁에 존재한다는 사실을 감사하게 될 것이다.

03

사랑받으려면
사랑하라

꽃을 피우는 나무 두 개를 놓고 한쪽에는 예쁜 꽃이 피기를 바라는 긍정적인 메시지를 들려주고 다른 한쪽에는 꽃이 피지 말기를 바라는 부정적인 메시지를 전달하면 실제로 긍정적인 메시지를 들려준 나무가 먼저 꽃을 틔운다고 한다.

사람도 마찬가지다. 타인으로부터 기대나 신뢰를 받으면 최대한 그 기대에 응하려 한다. 내가 상대방을 사랑하면 상대도 나를 사랑해주고, 친절하게 대해주면 친절한 대접을 받을 수 있다. 이를 심리학에서는 '호의의 보답성'이라고 한다.

반대로 상대를 비난하면 그 사람도 나를 비난한다. 내가 요구하기 때문에 상대방도 나에게 무언가를 요구하는 것이다.

두 나라 사이에 전쟁이 발발했을 때 그 원인을 분석해보면 서로에 대한 적의가 큰 요인으로 작용한다는 연구 결과가 있다. 적의를 품고 있는 두 나라 중에 한 나라가 병력을 약간만 증강시키더라도 이를 공격의 의미로 받아들이고 다른 한 나라도 군비를 증강하여 결과적으로 전쟁이 일어난다는 것이다.

사고와 감정은 외부로 표현될 때만이 아니라 내부에 간직하고 있을 때도 전달이 된다. 그리고 서로를 전염시킨다.

내가 상대방에게 서먹하고 불편한 감정을 가지고 있을 때 상대방도 나를 불편해한다는 느낌을 받은 적이 있을 것이다. 마주보고 있는 사람이 나와는 맞지 않는 사람이라는 생각이 들면 마음속에 불쾌한 감정이 생긴다. 상대가 고객이든, 소개팅에서 만나게 된 이성이든 필요에 의해서 감정을 숨겨야 할 때 애써 웃음을 지어보지만 미묘하게 말투나 행동, 눈빛 등으로 어떻게든 드러나게 된다. 부자연스럽고 거부하는 듯한 태도는 상대방에게 전달되어 그도 당신을 밀어내는 것이다. 결국 감정은 부메랑처럼 상대방으로부터 자신에게 되돌아오게 된다. 호의는 호의로, 적의는 적의로 말이다.

상대를 설득하고 내가 원하는 대로 움직이도록 하는 것은 물론 굉장히 어려운 일이지만 가장 좋은 방법은 상대를 좋아하려고 노력하는 것이다. 일반적으로 사람을 좋아하고 타인에게서 장점을 잘 찾아낼 줄 아는 사람일수록 사람의 마음을 움직일 수 있다.

내가 먼저 호의를 보이면 '호의의 보답성'에 의해 상대방도 나에게 호의를 베풀게 된다. 이렇게 되면 원활한 인간관계가 형성되고 서로가 원하는 것을 더 효과적으로 얻어내거나 성취할 수 있다.

결국 다른 사람과 원만한 관계를 맺을 수 있는 원인은 나 자신에게 있다. 마찬가지로 사람들과 잘 지내지 못하는 데에도 원인은 내게 있다. 지금 일어나는 일의 원인은 전부 자신에게서 비롯되는 것이다.

그러나 대부분의 사람들은 이 인관관계를 잘 깨닫지 못한다. 회사에서 상사는 문제해결을 잘 해내지 못하는 부하를 탓한다. 부하는 이해해주지 못하는 상사를 원망한다. 남편은 부인을 탓하고 부인은 남편을 책망한다. 이렇게 상대방은 나쁘고 자신은 나쁘지 않다고 생각하기 때문에 영원히 문제가 해결되지 않는 것이다. 상대방을 바꾸는 것은 불가능하다.

이제 이 법칙을 기억하라.

'지금 일어나는 일의 모든 원인은 나에게 있다.'

이제 원인은 자신에게 있다고 깨끗하게 인정하자. 그리고 자신을 바꾸는 것에 집중하자. 그러면 틀림없이 당신의 세상은 조금씩 달라질 것이다. 그 이외에 세상을 바꾸는 방법은 없다. 당신이 변하면 된다. 행복을 선택할 수 있는 결정권도, 불행을 선택할 수 있는 결정권도 모두 당신에게 달려 있다.

04

기대하고
원망하지 마라

먼저 자신을 바꾸자는 것에 공감한 사람들로부터 종종 다음과 같은 질문을 받는다. 특히 경영자나 관리직에 종사하는 사람들에게 상담요청이 많이 들어온다.

"오구라 씨, 당신의 조언대로 나 자신부터 변해야 한다는 것을 느낍니다. 그리고 그때부터 상대를 바꾸려 들지 않고 자신을 바꾸려고 매일 노력하고 있습니다. 그런데 직원들은 전혀 변하지 않고 있습니다. 나는 이렇게 인내하고 있는데 부하들은 전혀 알아주지 않고…. 어떻게 하면 좋을까요?"

솔직하게 말하자면 질문자는 진정으로 깨닫지도 못했고 변하지도 않았다. 자신을 변화시키는 척하고 있을 뿐 본심은 전혀 변하지 않았다. 상대방을 변화시키려는 마음이 전혀 변하지 않은 것 같다.

　진심으로 스스로 변하려고 생각하는 사람은 상대방이 변하지 않아도 신경 쓰지 않는다. 자신이 변하는 것은 그들을 변화시키기 위해서가 아니라 자신을 위해서이다. 상대방이 변하든지 변하지 않든지 그것은 전혀 상관없다.

　게다가 진심으로 자신이 변하고 싶다고 생각하는 사람은 절대로 '인내'하지 않는다. 마음속에서 무리한다는 생각 없이 자신을 바꾸려고 한다.

　인간은 다른 사람에 의해 자신이 변화되는 것을 두려워하며 저항한다. 하지만 스스로 무언가를 깨닫고 바꾸고 싶다고 생각했을 때는 자신을 변화시킬 수 있다. 당신의 주변사람들은 변화고자 노력하는 당신을 보고 무언가 느낄 것이다. 그리고 함께 문제점을 발견하고 작은 변화들을 만들어낼 것이다.

　변화하는 과정이 힘들어도 결코 타인의 탓으로 돌리지 말고 묵묵히 자신을 바꾸려 노력해보라. 그런 당신을 보고 상대방도 언젠간 무언가를 깨닫게 될 것이다. 이 깨달음으로 상대방은 당신의 영향을 받아 변하기 시작하고 그럼으로써 당신 주변의 세상이 모두 변하게 된다.

20대에는 모든 사람들을 내 마음대로 바꾸려 부단히 노력했다. 그럴수록 상대방은 스스로를 보호하기 위해 반발했고 그로 인한 충돌도 많았다. 이런 일이 잦아지면 사람은 완고해지고 타인에 대해 마음의 벽을 쌓아버리게 된다.

상대방을 바꾸려고 하지 않고 자신을 먼저 바꾼다면 상대방의 높고 단단한 마음의 벽은 '와르르'하는 소리를 내며 허물어질 것이다. 상대방은 더 이상 당신에게 공포를 느끼지 않게 되고 벽을 쌓을 필요도 느끼지 못한다. 그러면 당신의 마음이 쉽게 전해질 수 있다.

나부터 변화하려는 움직임은 상대를 바꾸기 위한 것이 아니다. 그것은 자연스럽게 일어나는 부차적 효과일 뿐. 당신이 변한다고 해서 상대도 변할 것이라는 기대는 상대를 변화시키겠다는 이전의 잘못된 마음과 다른 것이 하나도 없다.

그렇게 제멋대로 생각하는 당신을 보고 부하든 동료든 가족이든 그들이 무언가 깨달을 리가 없다. 깨달아야 할 사람은 상대방이 아니다. 당신 자신이다.

자, 타인에게 기대하지 않고 자기 자신을 변화시키자. 조바심나지 않을 것이다. 상대방이 변할지 변하지 않을지는 아무래도 상관없기 때문이다.

먼저 이해하고
나중에 이해시켜라

《성공하는 사람들의 7가지 습관》의 저자 스티븐 코비^{Stephen R. Covey}
는 성공을 위한 리더십 강연에서 "상대를 먼저 이해하고 나중에
이해시켜라"라고 말했다.

　프란체스코회 창립자 성 프란체스코^{Francesco d'Assisi} 또한 "자신을
이해시키기보다 우선 상대방을 이해하려고 노력하라"는 메시
지를 전한 바 있다.

　그런데 실제로 우리는 어떠했는가? '우선 내 말을 들어줘. 그
러면 당신이 하는 말을 들어줄게'라며 남에게 먼저 이야기하고
싶어 했다. 상대방도 마찬가지였다. 우리는 서로 '우선 내 말을
들어달라'고 메아리 없는 외침을 반복하고 있었다.

　또한 사람들은 남이 이야기할 때 잘 듣는 것이 아니라 빨리

자신의 순서가 오기만을 기다리며 무엇을 말할 것인지를 생각한다. 결국 우리가 나누는 대화는 각자의 독백을 모아놓은 것에 지나지 않는다.

이렇게 되면 상대방이 무엇을 생각하고 있는지 내면에는 어떤 일이 일어나고 있는지 전혀 이해할 수 없다. 타인을 움직이고 교감할 수 있으려면 상대를 이해하기 위한 경청의 기술이 필요하다. 당신이 공감하며 경청하고 있다는 믿음을 상대에게 줄 수 있다면 서로의 사이에 놓인 장벽을 무너뜨릴 수 있다.

다른 사람의 말을 듣는 자세는 크게 4가지로 볼 수 있다.

- 상대방의 말을 무시하는 경우로 전혀 듣지 않는다.
- '응, 그렇지, 맞아' 맞장구를 치면서 듣는 체한다.
- 대화 중 자신이 듣고 싶은 부분만 듣는다.
- 상대가 하는 이야기에 주의를 기울이고 집중하여 듣는다.

우리가 지향해야 할 자세는 네 번째 경청의 자세다. 다른 사람이 말하는 것에 공감하며 듣게 되면 그 사람의 관점에서 사물을 볼 수 있게 된다. 즉 그들이 세상을 보는 방식으로 세상을 볼 수 있기 때문에 그들의 내면에서 일어나는 현상을 이해할 수 있고 사고의 패러다임을 이해할 수 있게 된다.

먼저 이해하려고 애를 쓰다 보면 대화에서 기회를 발견할 수 있다. 변화를 위해 조언을 할 때도 보다 쉽게 사람들의 마음을 열 수 있다.

이제 상대방의 말하려는 바를 먼저 충분히 이해하려고 노력해보라. 그 다음에 당신이 원하는 것을 말하라. 그리고 들을 때에는 듣는 척하는 것이 아니라 마음으로 상대방을 이해하려고 노력하자. 흥미를 갖고 진지하게 듣고 있는지 아니면 듣는 척하고 있을 뿐인지, 당신의 자세는 상대방에게 바로 전달된다.

"오구라 씨, 상대방의 의견에 납득이 가지 않을 때는 어떻게 해야 합니까?"

"나와 정반대의 생각을 갖고 있는 사람도 있습니다. 그런 경우에는 내 의견을 버리고 상대방의 의견을 따라야 하는 겁니까?"

상대의 의견에 무조건 동의할 필요는 없다. 상대방이 그런 의견을 갖고 있다는 것을 이해하고, 상대방에게 당신을 이해하고 있음을 알리는 것으로도 충분하다. 자신의 의견이 상대방과 같은지 다른지는 아무래도 상관없다.

다른 사람의 입장이 되어 공감하고 그들의 마음을 느끼면 된다. 그러면 비로소 상대를 진정으로 이해할 수 있게 된다.

당신이 상대방을 이해하면 상대방도 당신을 이해해준다. 40대를 준비하는 우리는 앞으로 종종 잘못된, 틀린 생각을 할 수도 있다. 이것은 실수다. 하지만 순서를 틀려서는 안 된다.

먼저 이해하고 이해받는 것은 나중이다.

06

'소중한 것들'에
우열은 없다

다른 사람을 움직일 수 있는 힘은 어디에 있을까? 사람은 자신이 누군가에게 존중받거나 소중하게 여겨지고 있다는 사실을 깨닫게 되면 마음의 문을 열고 상대를 받아들인다. 따라서 누군가가 내 이야기를 들어주길 원한다면 그 사람을 소중히 생각해야 한다.

타인을 소중히 여긴다는 것은 어떤 것일까? 선물을 하면 될까, 칭찬을 해주면 될까, 내가 알고 있는 것을 함께 공유하면 될까? 물론 이것들도 효과가 있을 것이다. 하지만 그보다 중요한 것은 행위의 형태가 아니라 그 뒤에 숨어 있는 의도나 목적 같은 '마음'이다. '무엇을' 했는지가 아니라 '왜' 했는지가 중요하다는 것이다. 그리고 그 마음은 틀림없이 상대방에게 전해진다.

예를 들어서 회사 후배에게 일을 가르치고 있다고 가정해보자. 여기에서도 가르치는 방법에 따라 '상대방을 소중하게 생각하고 있다'는 인상을 주는 경우가 있는가 하면 '상대방을 자기 마음대로 컨트롤하고 있다'는 인상을 주기도 한다.

후배에게 "이해가지 않는 부분이 또 있나요?"라고 물어보고 알고 싶어 하는 것에 대해 성의 있게 대답해주면 그 후배는 '자신이 소중하게 여겨지고 있다'는 느낌을 받을 것이다. 반대로 자신의 페이스대로 밀어붙이며 가르치고 싶은 것을 일방적으로 설명하기만 한다면 일을 배우는 입장에서 자신을 마음대로 컨트롤하려고 한다는 인상을 줄 것이다.

상대를 소중하게 생각한다는 것을 보여주는 가장 쉬운 방법은 상대방이 소중하게 여기는 것을 같이 소중하게 대하는 일이다. 예를 들어 상대방이 소중하게 생각하는 그의 가족이나 취미를 중요하게 생각해주고 그 가치관을 존중하면 된다.

몇몇 사람을 보면 다른 사람의 작지만 소중한 가치들을 대수롭지 않게 여기거나 무시하곤 한다.

"쩨쩨하게 남자가 무슨 그런 취미를 갖고 있어?"

"그거 뭐, 가게에 가면 몇만 원에 살 수 있는 것 아니야?"

"그런 것을 좋아하다니, 유치하군."

이러한 태도로는 상대방의 마음을 열 수 없다.

다른 이의 소중한 것에 대해 알아가고 그것을 존중하는 것은 상대방의 생각을 듣는 것과 같으며 그것을 받아들이는 것이다. 그 과정에서 누군가를 가르치려 들거나 상대방을 바꾸려고 해서는 안 된다.

30대를 제대로 보낸다면 앞으로 맞이하게 될 40대의 인생에서는 더 많은 사람의 취향을 존중해주고 인정하고 공감할 수 있는 넓은 시야를 갖게 될 것이다. 그리고 다른 사람의 소중한 가치만큼이나 자신에게도 소중한 것들을 잘 지켜낼 수 있게 될 것이다.

스스로를 소중하게 여기지 않거나 상대방의 가치를 무시한다면 그 누구에게도 소중한 존재가 될 수 없을 것이다.

자신의 꿈과 소중한 가치들을 하찮은 것으로 만들려는 사람들을 가까이 하지 말라. 진정으로 위대한 사람은 당신 역시 소중한 존재가 될 수 있다는 것을 느끼게 하는 사람이다.

07

나를 위한
변명을 멈춰라

'이게 다 너를 위한 거란다.'

우리는 이런 말을 얼마나 들으며 자라온 것일까?

우리는 흔히 자신의 이익을 취하며 '당신을 위한 것'이었다는 변명을 방패처럼 사용할 때가 있다.

'부하의 실력향상을 위해 야단치는 것이다'라는 평계를 대면서 개인적으로 짜증나는 일에 대한 분풀이를 하거나 '여러분을 위해 멋진 레스토랑을 소개해요'라며 자신이 고급레스토랑에서 식사를 한 것을 자랑하는 것이다.

'상대방을 위해서'라고 변명을 하는 것은 위험하다. 이성적이고 객관적이며 장기적인, 그 사람을 위한 진정한 배려가 세상에 존재하긴 하지만 그것은 쉬운 일이 아니다. 대부분의 사람들이 '모두 당신을 위한 것입니다'라고 말할 때는 자기 자신을 위한 핑계나 구실로 이런 말을 사용한다.

정말 상대를 위한다면 '그 사람의 입장에서 생각'하는 것만으로도 충분하다. 이것이 진심으로 상대방을 위한 것이며 중요하게 여기는 행동이다.

예를 들어 부하가 일을 하다가 실수를 해서 당황해 할 때, 다른 직원들이 모두 보는 곳에서 '그래서 내가 말하지 않았는가! 그렇게 하니까 실패하는 게 당연하지. 그건 이렇게 해야 돼. 다시 해!'라고 윽박지르듯이 가르쳐준다면 그는 실패에 대한 부담감이 더 커지고 상처를 입을 수 있다. 아무리 그를 위한 하드 트레이닝이라 할지라도 부하 입장에서 보면 폭력이나 쓸데없는 참견으로 받아들여질 수도 있다.

상대방이 당황해하고 있다면 문제해결을 위해 시간이 지연되더라도 잠시 시간을 주자. 그리고 그가 진정이 되고 받아들일 준비가 되었을 때, 며칠 지난 후 시간을 내서 가르쳐주는 것이 더 좋을지도 모른다.

즉 '상대방의 입장에서 생각하는 것'은 '내가 그 사람이라면 어떻게 생각할까?'라는 식으로 시뮬레이션해보는 것이다.

그리고 한 가지 더 짚어보겠다. 사람들은 우리가 생각하는 것 이상으로 자기 마음대로 행동한다. 따라서 '상대방을 위해서'라는 말을 할 때 진심인가를 스스로에게 물어본 후 말하는 것이 좋다.

상대방의 입장에서 생각했을 때 진심으로 상대를 위해서 행동할 수 있게 되었다면 상대방은 반드시 당신을 받아들일 것이다. '저 사람이 하는 말이라면 들어보자'라고 당신의 말에 귀를 기울여 주기도 할 것이다.

상대방이 당신의 말을 받아들이는지 아닌지는 당신이 하는 말의 옳고 그름과는 아무 상관도 없다. 당신이 진심으로 상대방의 입장에서 생각하고 있는지 아닌지에 따라서 결정되는 것이다.

'너를 위한 것'이지만 실제로는 '나를 위한 것'인 지나친 변명은 이제 그만둘 때다. 지금 서 있는 곳에서 구실을 대지 말고 한 발 옮겨 그 사람의 입장이 되어 생각하고 사람을 대해보자. 진심으로 너와 나를 위한 해결책이 그 모습을 드러낼 것이다.

08

상대를 움직이는
사과의 기술은 따로 있다

회사생활이나 인간관계를 맺다보면 누구나 실수를 저지른다. 이때 작은 실수를 치명적인 실패로 키우지 않도록 하려면 효과적인 사과의 기술이 필요하다.

우선 사과할 때는 반드시 성실해야 한다. 용서를 구하는 것은 모욕적인 일이 아니라 자신의 진심을 표현하는 것이다.

어린 시절 나의 어머니는 미안하다고 사과할 때는 꼭 상대방의 눈을 보며 말해야 한다고 강조했다. 그래야 진심을 전할 수 있다는 것이었다.

갖가지 이유로 자신을 보호하고 체면이라도 깎일까봐 어물쩍 미안하다는 말만 던지면 오히려 역효과를 낳는다. 잘못했을 때는 나이, 지위고하를 막론하고 재빨리 성실하게 사과하도록 한다. 화는 시간이 지남에 따라 점점 커질 수 있다. 따라서 빨리 사과하는 것이 가장 좋은 방법이다.

해명할 기회가 있다 하더라도 사과부터 하자. 구구절절 변명할수록 상대방의 양해를 구하기는 더욱 어려워진다. 간단하게 일의 경과를 설명하며 우선 잘못을 인정하고 그 이후에 상대의 입장을 고려하며 조용히 자신의 생각을 전달한다. 만약 말하기가 힘들다면 e메일, 문자 메시지, 선물 등을 보내 용서의 손을 내밀어보자.

우리 회사 직원들은 순진하고 정직해서 자신이 잘못을 저질렀을 때 빠르게 인정하고 상대에게 용서를 구한다. 바로 사과를 하는 것은 물론 아주 좋은 일이라고 생각한다. 하지만 안타깝다고 생각되는 부분도 있다.

대부분이 정중하게 사과를 한 후 상대방에게 용서를 받고 반성하는 기미를 보인 다음 그걸로 끝난다는 것이다.

"반성할 테니까 용서해주세요. 사과했으니 이걸로 다 해결된 거죠? 다행이네요. 이제야 마음이 편해요."

사과하는 행위에는 상대가 자신을 용서해주기를 바라는 심리가 스며들어 있다. 사람들은 용서해주는 당사자의 심정과 감정을 우선적으로 고려하기보다 우선 빨리 사과를 함으로써 어깨를 짓누르는 자신의 죄의식을 떨쳐버리려고 한다.

종교인들이 자신의 종교에 기대어 신에게 고해하고 용서를 빌며 일종의 카타르시스, 마음의 정화를 얻는 것과 마찬가지다. 신에게서, 상대방에게서 용서를 받았다는 생각에 마음이 가벼워지는 것이다.

이렇게 손쉽게 사과하고 자기 마음대로 용서받았다고 여기면 그 다음에 또 같은 실수를 저지를 수 있게 된다. 그리고 잘못을 하더라도 사과하면 문제될 것이 없다고 생각하기 때문에 업무나 인간관계에서 누수가 발생한다.

결국 입으로만 반성하는 것은 멈춰야 한다. 말로만 용서를 구하는 것은 구차하다. 상대방의 마음을 움직이는 사과는 자신이 용서받기를 기대하며 하는 가벼운 사과가 아니라 진심을 담은 태도와 개선된 행동으로 용서를 구하는 것이다.

실수를 했을 때는 자신이 할 수 있는 한도에서 재빨리 일을 수습하고 잘못된 것을 원상복귀하거나 개선하려는 적극적인 움직임을 보일 때 상대방도 관대하게 용서해줄 수 있다. 결국 결정적인 순간에 나를 살리는 사과의 기술은 단순히 과거를 반성하는 것이 중요한 게 아니라 같은 실수를 범하지 않기 위해 행동을 수정하고 더 나은 선택을 하는 것에 달려 있다.

당신이 바라볼 것은 과거가 아니라 미래다. 그리고 선택해야 할 것은 말이 아니라 행동이다. 그래야만 진보할 수 있다. 서른 살부터의 당신이 꼭 가슴에 새겨두길 바란다.

09

아름다운 마음을
자극하라

"오구라 선배, 요즘 골치 아픈 일이 생겼어요."

언젠가 기업을 상대로 컨설팅을 하는 후배로부터 이러한 상
담요청이 들어왔다. 몇몇 기업체에서 사내 교육이나 경영 컨설
팅을 받은 적이 있음에도 대금을 지불하지 않으려 했던 것이다.

"틀림없이 우리한테 서비스를 받은 게 분명한데 몇 달이 지
나도 돈을 지불하지 않네요. 특별한 이유 없이 계속 미루기만
하고."

"수금이 되지 않았을 때 자네 어떻게 대처했나?" 내가 물었다.

"일단 청구서를 보내고 시간이 지났으니 이번 달에는 꼭 지
불해달라고 요구했죠. 몇 월 며칠에 서비스를 받았으며 이것은
절대 잘못된 것이 아니라고 조목조목 따지고 들었더니 그쪽은

오히려 더 딱딱하게 나오더라고요. 이제 정말 법적으로 해결할 수밖에 없을까요?"

그쪽 사정을 더 들어보니 그 기업들은 작은 규모였지만 대금이 밀린 것은 이번이 처음이라고 했다. 그래서 이번에는 다르게 접근해보라고 귀띔해주었다.

후배는 내 말대로 비용 문제 때문이 아니라 지금까지 우리 회사의 서비스가 어떤지 의견을 듣기 위해 찾아간 것으로 하고 고객을 만났다. 그리고 이야기를 나누다 이번 작업비 체불 건에 대해 이야기를 꺼냈고 우선 이번 일로 불편을 끼쳐드려 죄송하다고 말했다.

"서비스비 청구와 관련해서 마음이 상하셨을 텐데 회사 대표로서 다시 한 번 사과드립니다. 이 문제는 고객님이 훨씬 더 잘 알고 계시는 일일 테니 당신이 처리해주십시오. 모두 맡겨드릴 테니 확인해주시면 그대로 따르겠습니다."

결과는 매우 효과적이었다. 거의 모든 기업체가 작업비를 지불한 것이다.

사람의 마음을 움직이고 행동을 끌어낼 때 '사실'이나 '논리'가 아닌 '감정'을 이용하면 훨씬 효과적인 경우가 많다. 더욱이 상대방이 훌륭하고 올바른 사람임을 인정해주고 그 부분을 부각시키거나 옹호할 때 긍정적인 반응을 끌어낼 수 있다. 대부분의 사람들은 자신이 도덕적이고 아름다운 마음을 가진 사람이라고 믿으며 그것이 다른 사람으로부터 확인되거나 인정받았을 때 만족감을 느끼기 때문이다. 따라서 상대방의 생각을 바꾸려면 훌륭하고 올바른 사람, 아름다운 마음을 가진 사람이 되고자 하는 마음에 호소하는 것이 효과적이다.

이러한 일화도 있다. 이제 막 주간지를 창간한 한 편집장은 다른 유명한 언론사처럼 거액의 원고료를 지불할 능력이 없어 일류 작가에게 원고를 청탁하는 것이 굉장히 어려웠다. 자신의 주간지에 꼭 글을 써주었으면 하는 작가가 있었지만 그녀도 역시 원고료가 비싸 망설이던 중 그녀가 한 자선단체에서 열심히 활동하고 있다는 이야기를 들었다. 그는 작가에게 원고를 부탁하고 원고료는 자선단체에 기부하겠다고 밝혔다. 이에 작가는 호의를 표시하고 원고를 써주었으며 그 글로 인해 주간지는 자리를 잡아나가기 시작했다.

자신에게 좀 더 그럴싸한 이유를 붙이고 싶어 하는 사람들의 마음, 이것을 잘 유도하면 상대방을 쉽게 움직일 수 있다.

"그렇게 생각하신다니 정말 훌륭하신 분이군요."

"봉사활동을 하시는 분이니 다른 일에도 헌신적이며 마음이 따뜻하실 것 같네요."

"그런 훌륭한 일을 하시다니 저희에게 큰 도움을 주실 수 있을 것 같습니다."

이와 같은 반응은 상대방이 가지고 있는 아름다운 마음가짐을 더욱 부추겨 내가 하고자 하는 일에 대해서도 호의를 베풀 수 있도록 한다.

단, 나 스스로도 좋은 의도를 가지고 상대를 설득하라. 아름다운 이유에서 아름다운 행동이 나오는 것은 분명한 사실이다.

10

연결고리를
발견하라

최근 남녀간 사랑과 배우자 선택을 다룬 연구결과가 나왔는데 사람들이 백년해로할 동반자로 삼는 이성을 선택할 때 공통적으로 고려하는 키워드가 바로 동질감이었다. 같은 타입의 이성을 계속 만나고 싶어 하는 이유는 자신이 좋아했던 사람과 비슷한 사람을 만나면 옥시토신이 활성화되기 때문이라고 한다.

영국 세인트앤드류 대학의 인지심리학자 데이비드 페렛 교수는 이와 관련한 재미있는 실험을 하나 진행했는데 200여 명의 남녀 실험 참가자들에게 자신의 얼굴을 다른 성性으로 만든 사진을 다른 이성 사진과 섞어 보여준 뒤 그중 호감 가는 사진을 선택하게 했다.

그 결과 상당수의 참가자들이 자신을 닮은 이성의 사진을 골랐다. 그리고 대부분의 남성들은 자신의 어머니를, 여성은 자기 아버지를 닮은 이성을 선호한다는 결과가 나왔다.

남녀 사이에서만 통하는 법칙이 아니다. 우리는 자신을 닮은 사람을 좋아한다. 서로 비슷한 점을 갖고 있는 사람끼리 이성적으로 또는 인간적으로 호감을 느끼는 경우가 많은데 이를 '유사성의 원리'라고 부른다. '유유상종類類相從'이라는 말도 있지 않은가.

그럼 우리는 왜 자신과 공통점이 있는 사람을 좋아하는 것일까? 사람들은 고향이나 출신학교, 취미와 관심분야가 같거나 비슷하면 확인된 공통점 이외에도 여러 면에서 자신과 같을 거라고 믿는다. 심지어 신체적 특성이 비슷할 때도 마찬가지라고 한다. 나와 비슷한 사람은 나의 생각과 행동이 옳은지 확인시켜줄 수 있으며 여기서 느끼는 만족감은 굉장히 크다. 사귀는 데에도 서로 비슷한 점이 많으면 말을 많이 하지 않아도 통한다고 생각하기 때문에 부담도 적다. 그만큼 잘 통하게 되고 더 친밀해질 수 있는 것이다.

따라서 사람을 처음 만났을 때 자신과의 공통점을 찾거나 연결고리를 발견하려 애쓰면 상대에게 한걸음 더 가까이 다가갈 수 있다. 마침내 연결고리를 찾게 되면 상대방을 이해하거나 공감하기가 훨씬 쉬워지고 그 사람과 같은 것을 공유하고 있다는 사실 때문에 좋은 관계로 진전될 수 있는 가능성도 커지는 것이다.

다른 사람과 연결고리를 잘 발견하기 위해서는 상대와 공감할 수 있는 능력이 필요하다. 공감력이 뛰어난 사람은 융통성이 있고 갈등 상황에서 보다 쉽게 문제해결이 가능하기 때문에 많은 사람들에게 환영을 받는다.

상대방으로부터 호감을 이끌어내면 우리는 서로를 이해할 수 있게 된다. 따라서 누군가를 처음 만났을 때, 그 사람을 내 편으로 만들기 위해 일단 그들과의 연결고리 찾기부터 시작하자.

취미는 무엇인지, 좋아하는 음악가는 누구인지, 가장 잘하는 음식은 무엇인지 등 아주 사소한 것부터 공통점을 찾아나가다 보면 그 사람과 많은 것을 공유할 수 있게 되고 관계도 한층 부드럽게 진전될 것이다.

나이가 들수록 인간관계가 좁아지는 사람이 있다. 그리고 친목을 유지하던 사람들까지도 연의 끈을 놓치는 경우가 많다. 다른 사람에 대한 호기심이 사라지고 이해하고자 하는 노력이 점점 힘들어지기 때문에 스트레스를 받지 않고자 피하게 되는 경우 이런 결과가 만들어진다.

나이가 많아질수록 더 많은 친구를 만들고 더 많은 사람을 자신의 편으로 만들고 서로 변화하고 성장하는 관계를 유지해 나갈 수 있을 때 우리는 더 멋진 40대를 맞이할 수 있을 것이다.

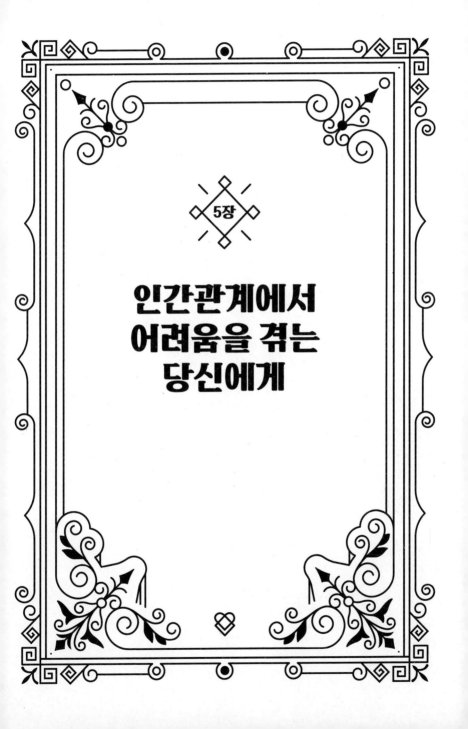

5장

인간관계에서
어려움을 겪는
당신에게

01

인생의 가장 큰 밑천은
사람이다

세계 20위의 다국적 기업 파나소닉의 창업자이자 일본인들에게 '가장 위대한 경제인'으로 불리는 마쓰시타 고노스케. 그는 깊은 경기불황에도 불구하고 평생 동안 단 한 명의 직원도 해고하지 않았다. 다른 회사들이 경비를 줄이기 위해 직원을 해고할 때, '경영의 신'인 그는 '주 2일 휴무제'로 생산량을 줄여가며 직원들과 함께 위기를 헤쳐 나갔다. 이처럼 무엇보다 '사람'을 중시하는 그의 경영철학은 종신고용, 인재경영, 노사협조 등 우리가 흔히 말하는 '일본형 경영' 스타일을 만들어냈다. 언젠가 기자가 '파나소닉은 어떤 회사인가?'라고 묻자 그는 다음과 같이 대답했다.

"저희는 사람을 만듭니다. 그리고 전기제품도 만듭니다."

그의 말처럼 '사람을 만들기 위해서'였을까? 마쓰시타는 직원들의 작은 실수에도 불같이 화를 내는 것으로 유명했다. 언젠가 쇠막대기가 휘어지도록 바닥에 내리치며 부하직원을 야단친 그는 뒤늦게 자신이 너무 심했던 것이 아닌지 걱정이 되기 시작했다. 결국 그날 저녁 마쓰시타는 직원의 집에 전화를 걸어 '괜찮은가?'라며 위로를 했다고 한다.

당시 '내가 너무 심했나?', '그런 말은 하지 말 것을' 등의 후회와 반성으로 하루하루를 보내고 있던 나는 이와 같은 마쓰시타의 이야기 덕분에 마음의 평안을 얻을 수 있었다. '인간관계'에 대해 끊임없이 고민하고 갈등하는 생활이 지극히 당연한 일이라는 사실을 깨달았기 때문이다.

고민의 8할은 인간관계다.

인간은 결코 혼자서는 살 수 없는 존재다. 상사와 부하, 동료, 친구, 애인, 가족, 이웃 등과의 교류가 없으면 삶을 실감하지 못하는 사회적인 동물인 것이다. 따라서 더 좋은 인간관계를 쌓아간다는 것은 곧 '잘 살아간다'는 것과 같은 말이다.

《카네기의 인간관계론》으로 유명한 데일 카네기는 "한 사람의 성공은 15%의 전문적 기술과 85%의 인간관계가 좌우한다"는 말을 남겼다. 결국 우리의 인생은 자신이 만들어놓은 인간관계에 따라 좌우된다는 이야기다. 그런데 많은 사람들이 직장과 사회 그리고 가정생활에서 가장 힘든 일 중의 하나로 '인간관계'를 꼽는다.

인간관계에 대한 스트레스는 대부분 상대방에 대한 배려 부족과 자신의 이기심에서 비롯되는 경우가 많다. 자신의 의견을 관철시키기 위해 '무조건 내 말이 옳다'라는 생각을 가지고 있는 사람에게 상대의 의견과 생각은 중요치 않다. 이러한 마음은 상대방이 틀렸기 때문에 용서할 수 없다는 평계로 이어지며 인간관계를 소홀하게 만든다. '인생에서 가장 중요한 일은 가장 소중한 것을 가장 소중하게 여기는 것이다'라는 말이 있다. 여기서 '가장 소중한 것'이란 바로 인간관계를 말한다.

30대라는 나이, 어느덧 당신은 가져야 하는 것보다 지키고 가꾸며 잃지 말아야 하는 것들이 더 많은 나이가 되었다. 하나를 가지려면 하나를 버리거나 놓아야 한다는 삶의 지혜를 배우는 나이다. 꽃은 시들어도 바람을 탓하지 않고 낙타는 모래폭풍이 불어와도 결코 사막을 원망하지 않는다. 그저 지금 이 순간, 바로 여기에 충실하고 감사할 뿐이다. 부정적인 생각과 일에 집착하기에 우리의 인생은 너무 짧다. 꽃과 낙타처럼 '가장 소중한 것을 가장 소중하게 여기는' 마음으로 앞으로 펼쳐진 삶을 축복할 수 있다면 얼마나 좋을까?

02

잃는 것은 한 순간,
되찾는 데는 평생이 걸린다

"세상에서 가장 어려운 일이 뭔지 아니?"

"흠… 글쎄요, 돈 버는 일? 밥 먹는 일?"

"세상에서 가장 어려운 일은, 사람이 사람의 마음을 얻는 일이란

다. 각각의 얼굴만큼 다양한 각양각색의 마음은, 순간에도 수만 가

지의 생각이 떠오르는데, 그 바람 같은 마음이 머물게 한다는 건…

정말 어려운 일이다. 다른 사람에게 결코 열어주지 않는 문을 너에

게 열어주는 사람이 있다면 너는 진정한 친구를 얻었다고 할 수 있

는 거란다."

_생텍쥐페리, 《어린왕자》 중에서

신뢰를 잃는 것은 한 순간이지만 이를 되찾기 위해서는 평생

이 걸린다. 정말 무서운 말이다. 우리는 지금 '신용사회'를 살고 있다. 사업을 하다가 실패를 하더라도 신용이 있으면 얼마든지 다시 일어설 수 있는 반면 신용을 잃으면 은행거래조차 쉽지 않다. 우리는 거대 공룡 같은 기업들이 소비자의 신뢰를 잃는 순간 무너지는 사례를 무수히 봐왔다. 일례로 자동차 안전에 대한 신뢰를 잃은 순간 도요타^{TOYOTA}, 미쓰비시^{Mitsubishi} 등 굴지의 기업들도 무너지는 것이다. 신뢰는 회사, 제품, 가격, 서비스가 아니라 '사람과 사람 사이'에서 일어나는 일이기 때문이다. 그래서 관계는 어려운 것이며 인생에서 가장 중요한 일이다. 우리 고민의 8할이 인간관계인 것도 이런 이유에서다. 나는 이 무서운 진실을 깨닫지 못한 대가로 많은 사람들을 잃었다. 언제든 마음만 먹으면 관계를 회복할 수 있다는 어설픈 믿음은 상황을 더욱 악화시켰다. 시위를 떠난 화살을 되돌릴 수 없고 깨진 그릇을 다시 붙일 수 없듯이 신뢰를 잃은 관계는 쉽게 회복되지 않았다.

관계와 신뢰회복을 위한 노력에 지친 나는 어느새 오기가 생겼다. 과거의 관계는 잊어버리고 새로운 환경, 새로운 사람들과 인연을 맺으면 된다고 생각했다. 하지만 이 역시 마음대로 되지 않았다. 사이가 좋지 않았던 사람들과의 껄끄러운 관계에서 결코 벗어날 수 없었기 때문이다. 이는 그림자처럼 언제까지나 나의 뒤를 따라다녔다. 그러던 어느 날 우연히 재미있는 기사를 보게 되었다.

일본의 소도시에서 종업원도 없이 혼자 토스트를 판매하는 남자가 있었다. 그런데 아침과 점심 고객이 몰리는 시간이 문제였다. 토스트를 만들고 포장하고 가격을 치르는 사이 기다리다 지친 손님들이 짜증을 내며 다른 가게로 이동하는 모습을 바라만 봐야 했던 것이다. 이 문제를 해결하기 위해 고민하던 남자는 카운터에 바구니를 준비했다. 토스트를 만들고 포장하는 일은 손님에게 시킬 수 없지만 계산은 가능하리라는 생각에서였다. 고의적으로 돈을 넣지 않거나, 계산이 틀릴 수 있겠지만 남자는 일단 손님들을 믿기로 마음먹었다. 그런데 놀라운 일이 일어났다. 손님들은 자신들을 믿어주는 믿음의 대가로 토스트 가격보다 더 많은 팁을 남기고 가기 시작했다. 남자는 계산하는 시간을 절약하여 평소보다 2배 빠른 속도로 토스트를 만들어 낼 수 있었다.

남자는 신뢰라는 무기를 앞세워 정면 승부한 끝에 인근에서 가장 인기 있는 토스트 가게의 주인이 될 수 있었다.

눈에 보이지 않는 신뢰를 얻기 위해서는 우선 상대방의 마음을 열어야 한다. 이는 상대에게 나 자신이 믿을 만한 사람이라는 증거를 보여줘야 가능한 일이다. 노력이라는 토양과 믿음이라는 태양 없이는 결코 신뢰라는 싹을 틔울 수 없다.

이 사실을 깨닫고 나서야 비로소 나는 인간관계와 정면으로 맞서게 되었다. 정면승부 외에는 내가 행복하게 살아갈 수 있는 방도는 없었기 때문이다. 그 결과 인간관계의 고민이 줄어들면 인생은 즐거워진다는 사실을 알았다.

지금부터는 내가 발견한 지혜와 선인들의 지혜를 소개하려 한다. 이 이야기들이 나와 같이 고민하고 있는 서른 살의 당신에게 조금이라도 도움이 되기를 바란다.

03

인간은 명예를 위해서라면
목숨도 내던진다

나폴레옹은 "사람은 자신의 명예를 지키기 위해서라면 목숨도 쉽게 버릴 수 있다"는 말을 남겼다. 이는 생명보다 중요한 상대방의 명예를 실추시키는 일을 해서는 안 된다는 뜻이다. 명예와 관련해서 일본을 대표하는 이미지 중 하나가 바로 '사무라이'다. 일본 봉건시대의 무사武士로 주군에게 충성하는 사무라이에게 무예보다 중요한 것이 바로 명예였다. 스스로를 귀하게 여기는 자존심이 강한 사무라이는 결코 함부로 행동하지 않는다. 명예 때문에 직업이나 사람을 잃거나 원치 않는 오해로 손가락질을 받을지언정 결코 돈이나 권력의 유혹에 굴하지 않았다. 따라서 싸움에서 승리를 해도 명예가 훼손되는 순간 사무라이는 목숨을 버린다. 명예를 지키기 위해 목숨도 버릴 수 있다는 나폴

레옹의 말과 일맥상통하는 부분이다.

생텍쥐페리 역시 명예와 관련한 말을 남겼는데, 나는 이 말을 접한 순간 큰 충격을 받았다.

"나는 상대를 평가하거나 비난할 권리가 없다. 중요한 것은 내가 그 사람을 어떻게 생각하느냐가 아니다. 그 사람이 자기 자신을 어떻게 생각하느냐가 중요하다. 인간의 자존심에 상처 주는 일은 범죄다."

나는 범죄자였던 것이다. 나 자신도 모르는 사이 다음과 같은 범죄들을 저질렀던 것이다. 당신도 짚이는 바가 있을지 모른다.

- 업무상 실수를 지적함에 있어서 상대방의 자존심까지 상처를 주었다.
- 이에는 이, 눈에는 눈. 상대가 반발하면 나도 상대방을 비난한다.
- 내 상황을 먼저 생각하고 제3자를 먼저 배려함으로써 결과적으로 상대방을 소홀히 대했다.
- 상대방이 소중하게 생각하는 가치관이나 행동을 무시하고, 내 방식대로 일을 진행시켜 결과적으로 상대의 자존심에 상처를 주었다, 등등.

우리가 인간관계에 실패하는 이유는 상대방의 명예, 자존심 등을 소홀히 여기고 상처를 주기 때문이다. 자존심이 아닌 아집 으로 점철된 사람일수록 주변 사람에게 많은 상처를 준다. 일례 로 대화의 주도권을 잡고 자신이 원하는 방향으로 이야기를 이 끌어가지만 결국 원하는 것을 얻어내지 못하는 사람들이 있다. 상대의 명예를 훼손시킨 결과다. 상대의 자존심에 상처를 준 사 람은 인간관계에 있어 결코 유리한 고지를 점령할 수 없다. 아 무리 뛰어난 달변가라도 상대의 자존심을 상하게 하거나 상처 를 준 후에는 상대를 설득할 수 있는 방법이 없는 것이다. 하지 만 상대를 소중하게 생각하는 마음이 전달되면 자신이 원하는 것 이상의 결과를 얻을 수 있다. 스스로를 아끼는 사람은 자신 의 자존심만큼 상대의 명예도 중요하게 생각한다. 따라서 언제 자존심을 세우고 어느 순간 자존심을 버려야 하는지도 잘 알고 있다. 당장 손해 보는 것 같더라도 상대를 배려한 결정은 결국 자신에게 더 큰 열매를 맺어주기 마련이다. 이는 주의하고 또 주의해도 지나치지 않을 만큼 중요한 일이다.

나에 대한 평판 또는 소문이 만들어질 때, 나를 싫어하는 단 한 명의 사람과 친한 여덟 명의 친구가 만들어내는 이야기의 힘 이 같다고 한다. 특히 나쁜 이야기, 악의적인 소문은 그 파급력이 더 강하고 빠를 수밖에 없다. 사람들은 언제나 좋은 이야기보다 나쁜 이야기에 더 많은 관심과 흥미를 갖기 때문이다. 아무리 좋은 재료, 훌륭한 요리사가 있다고 하더라도 단 한 가지의 상한 재료가 음식 전체를 망칠 수 있음을 잊지 말아야 할 것이다.

04

30대의 8할은
인간관계다

나는 이처럼 복잡하고 어려운 인간관계에서 벗어나고 싶은 마음에 직업을 바꾸려고 생각했던 적도 있었다. 처음으로 팀장이된 25살 무렵과 관리직이 된 30살 때의 일이다. 팀장과 관리직모두 나의 적성과는 무관하다고 느껴, 당시 나는 기술자들처럼전문분야에서 프로가 되기를 바랐다. 그 결과 나의 바람대로 편집기자와 컨설턴트가 되어 나름 전문분야의 길을 걷게 되었다.하지만 어떤 업무, 어떤 분야, 어떤 상황에서도 결코 인간관계에서 자유롭지 못했다.

나만 잘하면 되는 줄 알았던 편집자의 일만 하더라도 작가,디자이너, 카메라맨, 인쇄소, 영업사원 등과 같은 인간관계에서 벗어날 수 없다. 같은 편집부 동료와 상사 등 기존의 직업과 똑같이 무수한 사람들과의 관계 속에서 나의 일은 진행되고 있다. 컨설턴트도 마찬가지다. 외부 스텝, 동료, 상사, 부하 등 인간관계는 여전히 나를 따라다니고 있다. '인간관계에서 벗어날 수는 없다, 도망치는 것은 이제 그만두자'라는 이 단순한 진리를 깨닫기까지 왜 이리 오랜 시간이 걸렸는지 모를 일이다. 아무튼 아무리 전문성이 높은 일을 하더라도 인간관계는 반드시 당신을 따라다닌다.

어느 직장에서나 나와 통하는 사람이 있고 반대로 불통하는 사람이 있기 마련이다. 그런데 가만히 생각해보자. 과연 직장과 사회에서만 인간관계 때문에 고민을 하는가 말이다. '당신 없으면 안돼'라는 확고한 신념아래 결혼했지만 어느새 '당신 때문에 못 살겠다'라는 원망으로 부부가 남보다 못한 관계가 되는 일이 허다하다. 부모와 자녀와의 관계도 예외는 아니다.

'왜 내 마음대로 되는 인간관계가 하나도 없을까' 고민하던 끝에 모든 문제가 나의 마음에 있음을 깨달았다. 특히 직장생활에서 인간관계에 대한 갈등은 '내 마음대로' 이뤄지지 않아서 벌어지는 일이었다. 다시 말해서 회사의 구조가 내 생각과 다르게 불합리적이고, 내 마음과 다른 상사의 지시는 비합리적이며, 내 뜻을 알아듣지 못하는 부하직원이 문제였던 것이다. 결국 내 마음과 생각에 따라 인간관계가 결정되는 셈이다.

하지만 이러한 결론을 내린 이후에도 나는 여전히 많은 실수를 반복하고 있다. 뼈아픈 경험을 통해 아주 조금씩 힘들게 인간관계에서 실패하지 않는 나름의 노하우도 가지고 있다. 그러나 이 글을 쓰는 지금 이 순간에도 나는 사람들에게 셀 수 없을 만큼 많은 실수를 하며 살아간다. 전문직에 종사할 거라는 핑계로 인간관계에서 도망치려고 하지 마라. 앞서 말했듯 그 누구도 인간관계에서 결코 자유롭거나 벗어날 수 없다.

과연 우연한 기회에 성공한 사람이 있을까? 반대로 우연히 실패하거나 불행한 사람이 존재할까? 아무리 생각해봐도 우연한 성공과 실패, 우연한 행복과 불행은 없다. 모든 일에는 분명한 원인과 과정 그리고 결과가 있기 때문이다. 행복한 직장생활, 인정받는 사회생활, 안정된 삶, 성공한 인생을 살고 싶다면 무엇보다 그 근간이 되는 자신의 인간관계를 정리하고 돌아봐야 할 것이다.

05

과거는 결코
사라지지 않는다

천하를 호령하던 칭기즈칸이 개를 무서워했다는 사실을 알고 있는가? 어린 시절 개한테 물려 커다란 공포를 맛봐야 했던 칭기즈칸은 그 트라우마에서 벗어나지 못하고 성인이 된 후에도 개만 보면 뒷걸음질을 치곤 했다. 호랑이와 늑대는 무서워하지 않고 앞장서 사냥을 즐기는 그가 개를 두려워한다니 이 무슨 아이러니한 일이란 말인가.

"개한테 물려본 적 있습니까? 나는 개한테 물린 기억이 있어서 개가 무섭습니다. 하지만 호랑이나 늑대는 무섭지 않습니다. 호랑이와 늑대에게는 물려 본 적이 없으니까요."

그런데 사람에게 받은 상처는 개에 물린 상처와는 비교할 수 없을 정도로 큰 아픔을 남긴다. 칭기즈칸이 개를 무서워하듯 상처를 받은 순간과 비슷한 상황에 처하면 자신도 모르게 그 자리를 피하게 되는 것이다. 나는 '인연'이라는 고리로 연결되어 있는 사람들에게 받은 상처를 외면하기 위해 새로운 직장을 찾은 적도 있었다. 그런데 과거에서 도망쳤다고 안심하는 순간 새 직장의 동료들 중 몇몇이 과거 직장 동료들과 친분이 있다는 사실을 알았다. 인간관계에 지쳐 도피하듯 회사를 바꿀 수는 있지만, 가족이나 친구 모두를 바꿀 수는 없는 것이다. 아무리 노력해도 과거는 사라지지 않는다.

그리고 과거의 실패보다 더 큰 실수는 지금 이 순간의 소중함을 깨닫지 못한다는 데 있다. 헛된 과거에 집착하거나 막연한 내일에 대한 희망으로 다시는 오지 않을 현재를 흘려보내는 것이다. 인생에 단 한 번뿐인 오늘을 과거에 대한 분노와 좌절, 원망으로 낭비한다면 이 또한 더 큰 후회를 남길 게 분명하다. 불필요한 상상력까지 동원해가며 지나간 불행에 집착하는 일 없이 오늘을 있는 그대로 받아들인다면 지금보다 훨씬 행복하고 지혜로운 삶을 살 수 있을 것이다. 한 번 흘러간 물은 되돌릴 수 없다. 반성은 하되 후회하는 삶을 살지는 말자. 아픈 실수는 더 나은 내일을 위한 힘찬 도약대로 이용하면 된다.

세계적인 경영학자인 피터 드러커가 93세 되던 어느 날, 인터뷰 중 다음과 같은 질문을 받았다.

"지금까지 당신이 쓴 책 가운데 저에게 단 한 권만 권해줄 수 있다면, 어떤 책을 말씀하시겠습니까?"

이에 피터 드러커는 사람들의 허를 찌르는 대답을 내놓는다.

"Next Book(다음 책)."

그 많은 베스트셀러를 탄생시키며 사회적 명망과 존경을 받는 피터 드러커였지만 그에게는 지나간 과거보다 다가올 내일이 더 중요했던 것이다. 이처럼 성공한 사람도 어제의 명성이 아닌 내일의 희망을 보는데, 당신은 왜 과거의 망령에서 벗어나지 못하고 있는가?

지금 우리가 할 수 있는 일은 과거를 피하지 말고 당당하게 정면으로 맞서는 일이다. 그때야 비로소 당신에게 평온한 삶이 찾아올 것이다.

06

큰소리로
비난하지 마라

자본주의의 아버지라고 불리는 벤저민 프랭클린^{Benjamin Franklin}은
정규교육은 2년밖에 받지 못했지만 정치, 외교, 과학, 출판, 교
육 등 다양한 분야에서 탁월한 업적을 남겼다. 벤저민 프랭클린
이 더욱 위대한 이유는 20세에 도덕적 완성에 이르겠다는 생각
으로 끊임없이 자기계발을 한 그의 독특한 삶의 방식 때문이다.

그가 어렸을 때는 상대방을 궁지로 몰아넣으며 자신의 의견
을 밀어붙이는 논쟁을 즐겼다고 한다. 그런데 그가 28세 무렵
한 친구로부터 '공격적인 논쟁을 그만두지 않으면 필라델피아
에서 추방당할 것'이라는 충고를 듣게 된다. 벤저민은 깊이 반
성하고 자신의 커뮤니케이션 스킬을 다음과 같이 바꿨다.

'현 시점에서는… 처럼 보입니다만'

'혹시 제가 잘못 알고 있는 것인지는 모르겠지만'

'사실 제가 자주 실수를 합니다만'

'지금 상황에서 저에게는 … 처럼 들립니다만'

이 커뮤니케이션 스킬의 핵심은 가능한 한 논쟁을 피하고 상대방이 틀렸다는 말을 하고 싶은 충동을 참고 누르는 데 있다. 이를 잘 활용한 벤저민은 상대방의 자존심을 지키고 명예를 훼손시키지 않는 겸손한 자세의 대화로 다양한 사람들과 좋은 인간관계를 만들 수 있었다. 《손자병법》에도 비슷한 표현이 있다.

'百戰百勝 非善之善者也 不戰而屈人之兵 善之善者也

(백전백승 비선지선자야 부전이굴인지병 선지선자야)'

즉 백 번 싸워 백 번 이기는 것은 최선이 아니요, 싸우지 않고 적을 굴복시키는 것이 최선이라는 말이다. 인간관계를 풍요롭게 만들기 위해서는 무엇보다 싸우지 않는 일이 중요하다.

우리가 하루 내뱉는 말의 양을 글로 적어 놓으면 무려 54페이지에 달한다는 연구결과가 있다. 이를 1년으로 계산해보면 한 사람당 800페이지에 달하는, 66여 권의 책을 만들 수 있다. 이처럼 수많은 말들은 한 사람의 생애를 좌우할 만큼 강력한 위력을 가지기도 한다. 혀로 한 말은 상대방 역시 혀로 듣고, 머리로 한 말은 상대방 역시 머리로 들으며, 가슴으로 하는 말은 상대방 역시 가슴으로 듣는다고 한다. 젊은 시절의 벤저민 프랭클린처럼 공격적인 대화로 상대방이 틀렸다고 비난하기를 즐기지는 않는가?

특히 요즘처럼 자기 PR과 개성을 중시하는 시대, 어떻게든 자신을 드러내고 표현하고 싶은 마음에 상대를 배려치 못하는 사람들이 넘쳐난다. 그 결과 너와 내가 '다른 것'을 '틀림'으로 규정하고, 자신과 반대되는 사람은 무조건 배척하는 경향이 강해졌다. 당신의 생각과 맞지 않음을 논하기보다, 나와 다름을 근거로 논쟁이 벌어지는 것이다. 지금 우리에게 필요한 것은 화려한 언어구사 능력이 아닌 다양한 생각과 개성을 인정할 수 있는 포용력일지도 모른다.

얼굴에서 입이 가장 낮은 자리에 위치한 이유는 눈으로 더 많은 것을 보고, 귀로 더 많은 것을 들은 후 말은 제일 마지막에 하라는 의미라고 한다. 혹, 얼굴에서 당신의 입이 가장 위에 있는 것은 아닌지 생각해 볼 문제다.

07

불성실한 마음은
상대에게 빤히 보인다

오랜만에 친구와 만나 식사를 하기로 했다. 그런데 약속 바로 전날 친구가 급한 일이 생겼다면서 약속을 연기하자는 전화를 걸어왔다. 친구가 보고 싶은 마음에 무리하게 일정을 조절하여 잡은 약속이었지만 너무도 미안해하는 친구에게 나는 '괜찮다'라는 말로 그를 위로하며 통화를 끝냈다.

그런데 다음날 다시 그에게서 전화가 걸려왔다. 갑자기 일이 취소가 되었으니 오늘 그냥 만나자는 이야기였다. 갑자기 잡힌 술자리 약속이 급해 나와의 식사를 취소했는데, 술자리가 취소되어 예정대로 오늘 저녁을 먹자는 것이다. '나보다 다른 사람과의 술 약속이 우선'이라는 생각에 은근히 기분이 나빠지기 시작했다. 그는 나와의 약속같은 것은 아무래도 상관없다고 생각했던 모양이다. 게다가 나를 한가한 사람이라고 생각했던 것일까? 당일 날 갑자기 만나자고 해도 버선발로 달려나가 만나줄 것이라고 생각하고 있었다니…. 나는 두 가지 의미에서 바보 취급을 당한 기분이었다. 하지만 나의 속마음을 표현하지는 않고 상냥하게 '다음에 보세!'라는 말과 함께 전화를 끊어버렸다.

앞에서 설명한 것처럼 '인간은 자신의 명예를 목숨보다 더 소중하게 생각'한다. 그래서 명예나 자존심에 상처받는 일에 아주 민감하다. 상대방의 아주 작은 마음의 움직임이 우리에게 전달되는 이유가 바로 여기에 있다. 청산유수 같은 말보다는 진솔한 대화 한 마디가 사람을 움직이는 법이다. 당신이 존중받고 싶다면 상대를 먼저 존중하려는 자세가 필요하다. 상대를 소중하게 생각하고 존중하는 마음이 있으면 그에 따른 말과 행동이 나오기 마련이다. 반면 상대를 낮추어보거나 무시하는 마음이 있으면 자신도 모르게 거친 말과 행동이 나오는 법이다.

그런데 습관적으로 상대를 무시하는, 즉 불성실한 마음을 가진 사람들의 행동을 살펴보면, 대체적으로 나이와 경력, 선후배 관계를 따지는 경향이 많다. 딱히 내세울 게 없기 때문에 나이와 경력으로 사람을 깎아내리려는 것이다. 타인을 무시하고 그 위에 올라서야 자신이 돋보이고 가치를 인정받는다고 생각하기 때문이다. 아무리 뛰어난 사람도 주변에 손을 내밀어 도움을 청해야 할 순간이 있다. 그래서 지혜로운 사람들은 상대방이 조금 부족하고 미천할지라도 결코 사람을 무시하는 법이 없다. 다음의 이야기를 보자.

허름한 옷차림의 노부부가 약속도 없이 하버드 대학교의 총장실을 찾았다.

"총장님을 뵙고 싶습니다."

비서는 노부부의 겉모습만 보고 총장에게 보고도 하지 않고 바쁘다는 이유로 만남을 거절했다. 그러자 부부는 총장이 시간이 날 때까지 기다리겠다고 대답했다. 어느덧 해가 저물고 있었다. 당황한 비서가 뒤늦게 총장실을 찾았다.

"잠깐만 만나주시면 곧 갈 것입니다."

마침내 노부부가 총장을 마주하고 앉았다.

"우리 아들이 1년 정도 이곳을 다녔는데 하버드를 무척 사랑하고 이곳에서의 시간을 행복해했습니다. 그런데 얼마 전 사고로 세상을 떠났지요. 그래서 저희가 캠퍼스 내에 건물을 하나 기증하면 좋겠다는 생각으로 이 자리에 왔습니다."

"하, 건물이라고요? 얼마나 드는지 알고 하시는 말씀입니까? 현재 하버드에는 750만 달러가 넘는 수의 건물들이 들어 차 있습니다."

총장의 태도에 잠시 할 말을 잃은 부인이 남편을 바라보며 입을 열었다.

"대학교 하나 설립하는데 비용이 그것밖에 안 드는가보죠? 여보, 그러지 말고 대학교를 하나 새로 세우지 그래요."

당혹감으로 일그러진 총장의 얼굴을 뒤로 하고 스탠퍼드 리랜드 Leland Stanford 내외는 곧장 캘리포니아로 날아가 자신들의 이름을 딴 스탠퍼드 대학교를 설립했다. 미국 서부의 명문대학이자 실리콘 밸리의 산실인 스탠퍼드는 이렇게 탄생했다.

08

진심으로 눈과 마음을
기울여 듣는다

누누이 말했듯이 인간관계의 모든 문제는 상대방의 자존심에 상처를 주기 때문에 생긴다.

다음의 A와 B 두 가지 케이스 중 어느 쪽이 상대방의 자존심에 상처를 주지 않고 지켜주는 방법일까?

A. 상대방의 이야기를 듣고 10개의 이야기 중 9개 이상 맞장구를 친다. 자신의 의견을 주장하기 보다는 경청과 공감에 집중한다.

B. 10개 중에 1가지 이하로 상대방의 이야기를 듣는다. 자신의 의견을 9가지 이상 주장한다. 듣기보다는 이야기를 주도하며 전달하는 일에 집중한다.

당신의 생각대로 A가 옳은 방법이다. B는 상대방의 자존심에 상처를 주며 소통에 문제를 일으키고 있다. 자, 여기서 질문을 하나 하자. 평소 당신은 둘 중에서 어느 방법으로 대화를 이끌어 나가는가?

35살 전까지 나는 압도적으로 B를 선택했었다. 즉 사람의 이야기를 듣지 않고 내 생각만 일방적으로 전하는 한심한 인간이었다. 그러면서도 악의는 없었다고 허울 좋은 변명으로 스스로를 위로하곤 했다. '나는 컨설턴트다. 그래서 보통사람들보다 더 나은 의견을 갖고 있다. 이를 전달하는 것은 지극히 당연하고 친절한 행동이다. 이기적이고 불쾌한 행동이 아니다. 오히려 감사받아 마땅하다'라고 생각했던 것이다. 그러나 나의 오만불손한 태도는 상대방의 자존감을 훼손하고 열등감을 안겨주고 말았다.

인간관계에서 최고의 선물은 내 이야기를 하는 게 아니라, 상대방의 이야기를 경청하는 것이다. 대표적인 경청자로는 방송인 오프라 윈프리를 들 수 있다. 사생아라는 핸디캡과 어린 시절 당한 성폭행으로 불우한 청소년 시절을 보낸 그녀는 현재 세계 105개국에서 방영되는 토크쇼의 여왕이자 잡지 케이블TV 인터넷까지 거느린 하포Harpo, Oprah 주식회사의 회장이 되었다. 무엇이 오늘의 그녀를 만들었을까? 그 대답은 바로 진심으로 눈과 마음을 기울여 상대방의 이야기를 듣는 그녀의 자세에 있다. '오프라 윈프리 쇼'를 지켜보면 1시간 동안 정작 자신이 말하는 시간은 대략 10분 정도에 불과하다. 나머지 50분 동안 그녀는 게스트가 편안하게 이야기를 할 수 있도록 끊임없이 눈을 맞추고, 고개를 끄덕이며 온몸으로 공감하고 있음을 표현한다. 개인적으로 감추고 싶은 이야기 역시 그녀 앞에서는 못 털어놓을 이유가 없다. 상대방의 자존심을 지켜주며 위로하는 그녀의 탁월한 소통 능력 때문이다.

그녀의 진심은 사람을 움직인다. 오프라가 추천하는 책은 순식간에 전 세계적인 베스트셀러가 되고, 보육원이나 양로원에 도움이 필요하다고 호소하면 그곳에는 바로 다음 날 수십억의 기부금이 몰려든다. 사람을 진심으로 내 편으로 만들고 싶다면 오프라처럼 귀가 아닌 마음으로 듣고 머리가 아닌 가슴으로 이해해야 한다. 만약 원수를 만들고 싶은 사람이 있다면 이와 반대로 계속 당신의 이야기만 하라.

다시 말하지만 '입'과 '혀'로 '말'하지 말라. '귀'로 '들어서도聞' 안된다. '귀'와 '눈'과 '마음'을 모두 총동원해서 '들어야聽' 한다. 이것만이 상대방의 자존심을 지키는 유일한 방법이다.

09

아무리 사소한 약속이라도
함부로 하지 않는다

인간관계의 기본은 '신뢰'다. 신뢰란 말 그대로 믿고 의지하는 관계를 의미한다. 상대방이 나를 믿고 의지하면 자연스럽게 인간관계는 풍요로워진다. 신뢰를 얻는 가장 기본적이자 쉬운 방법은 바로 '작은 약속'도 성실히 수행하는 것이다. 여기서 포인트는 '작다'는 것에 있다. 누구나 큰 계약을 앞두면 그와 관련된 모든 약속을 칼 같이 지킨다. 하지만 일상의 작고 소소한 약속들, 예를 들어 자녀와 놀아주겠다는 약속, 친구와 밥 한번 먹자는 약속, 부모에게 전화를 하겠다는 약속 등은 일상에 쫓겨 지나치기 쉽다.

• 경리나 총무에게 기한을 지켜서 서류를 제출하는 것

- 술 한 잔 하자고 가볍게 한 약속

- 회의시간이나 미팅시간

- 영업목표 등과 같은 수치

- 지시받은 서류작성 기한

- 아이들과 놀아주겠다고 정한 약속

- 친구와의 약속 시간

- 친구의 책이나 CD를 돌려주겠다고 말한 약속

문제는 이렇게 작은 약속들을 지키지 못하다보면 어느새 신뢰도 잃게 된다는 데 있다. 약속은 은행잔고와 같아서 당신이 신경 쓰고 저축하면 자연스레 신뢰라는 큰 이자를 남긴다. 하지만 '별 것 아니다'라는 생각에 이를 소홀히 관리하면 당신은 모든 관계에서 소외되는 마이너스 통장을 갖게 될 것이다. 당신이 사소하게 생각하는 약속에 충실하라. 그것이 바로 성공의 지름길이다. 약속 시간 10분 전, 현재 당신은 어디에 있는가. 그 위치가 곧 내일의 당신의 위치를 말해주는 것이다.

영화나 드라마를 보면 늘 업무에 시달리는 아버지가 등장한다. 피곤에 절은 아버지는 집에 들어오면 쓰러져 자는 게 일이요, 결혼기념일이나 아이들의 생일조차 잊어버리기 십상이다.

하지만 함께 파티를 열기로 한 가족들은 그 약속을 믿고 식어 가는 음식을 앞에 두고 가장을 기다린다. 그러던 어느 날 부인은 남편에게 이혼서류를 내민다. 그는 자신이 무슨 잘못을 했는지 알지 못하므로 '왜 갑자기…'라는 생각을 할 수밖에 없다. 그러나 갑자기라고 생각하는 것은 본인뿐이다. 부인은 계속 몇 년 동안 배신감을 느끼고 있었던 것이다. 회사에서도 마찬가지다. 부하가 회사를 그만두겠다고 사표를 내면 상사는 항상 '왜 갑자기…'라는 생각을 한다. 상사만 눈치채지 못하고 있었던 것이다.

작은 약속을 지키는 일, 이를 단순하고 소소한 것이라 생각하지 마라. 우리는 지금 이 순간에도 단순하고 소소한 일을 지키지 못해 많은 손해를 감수하고 있다. 지금 당장 100% 지키지 않아도 좋다. 아주 작은 약속이라도 하나씩 성실히 지켜나가다 보면 감당할 수 없는 큰 약속이라도 반드시 지켜내는 자신을 발견하게 될 것이다. 그 시점부터 당신은 주위 사람들로부터 신뢰와 존경을 받는 새로운 인생을 살 수 있다. 이 얼마나 멋진 일인가!

10

사람이 어려울 땐
부모님을 찾아뵈어라

"비즈니스가 잘 풀리지 않을 때에는 부모님을 뵈러 가라."

기타큐슈北九州에서 전설적인 미용실 체인 '벅시'를 운영하는 구보 사장의 말이다.

사람은 누구나 자신에게 가장 가까운 순서대로 상대방을 소중하게 생각한다. 가까운 사람을 소홀히 하는 사람이 멀리 있는 사람을 소중하게 생각할 수는 없다. 그래서 부모님을 소중하게 여기지 않는 사람은 대부분 고객도 소중하게 여기지 않는다는 이야기다. 그러나 이 이야기를 하면 반대하는 사람도 있을 것이다.

'나는 그렇지 않다. 부모님은 3년이나 찾아뵙지 않고 있지만 고객에게는 최고의 서비스를 제공하고 있다'라고 말하는 사람도 있으리라 생각된다. 하지만 구보 사장은 '그럴 리가 없다'라고 단정한다. 나도 같은 생각이다.

일이라 생각해서 의무적으로 고객에게 서비스를 제공하는 사람은 결코 영원한 고객을 만들 수 없다. 이런 마인드를 가지고 장사에 성공한 사람이 있다면 그는 분명 운이 좋은 것이다. 단, 그 운이 얼마나 갈 수 있을지는 지켜보면 알 일이다.

인간관계도 마찬가지다. 세상 어느 부모가 손실을 따져가며 자식을 키우겠는가? 자식이 마음이 아프면 자신의 심장을 내주고 싶은 게 바로 부모의 마음이다. 만약 자식의 목숨을 살릴 수 있다면 기꺼이 자신의 전 재산도 내놓을 소중한 사람들이다. 자신의 목숨과 재산보다 귀한 게 바로 자식이기 때문이다.

크고 작은 일이 생기면 가장 먼저 부모를 떠올리는 이유가 바로 여기에 있다. 응석과 투정을 부리며 힘들다고 소리쳐도 모든 것을 이해하고 받아주는 부모님, 목숨을 버리면서까지 나를 지켜주는 사람에게 감사하지 않는 사람이 타인에게 감사하는 마음이 있을 리가 없다.

타인에게 감사할 줄 모르는 사람이 어떻게 인간관계를 잘 유지하겠는가?

인간관계가 막혀 있는가? 오늘도 사람에게 상처를 받았는가? 누군가의 명예와 자존심을 훼손하고 괴로워하고 있는가? 그렇다면 지금 당장 당신의 부모님을 만나러 가라. 어린 시절 당신에게 동화책을 읽어주는 시간이 부모에게 기쁨이었던 것처럼, 당신도 어두워진 부모의 눈을 대신하여 기쁜 마음으로 편지나 책을 읽어드려라. 하루 종일 치맛자락을 붙잡고 뜻을 알 수 없는 말을 옹알거리며, 끊임없이 '왜'라고 묻던 당신의 조잘거림이 부모에게 큰 행복이었음을 기억하라. 행여 부모님이 세월의 무게를 이기지 못하고 희미해진 기억으로 엉뚱한 말만 늘어놓더라도, 엄마가 당신에게 그랬던 것처럼 부모의 넋두리를 이해하길 바란다. 만약 부모님이 나이가 들어 똑바로 서거나 제대로 걷지 못하더라도 엄마가 당신의 손을 잡고 서툰 첫걸음 떼기를 기다리던 그 순간처럼, 당신이 엄마 손을 꼭 잡고 따뜻한 응원의 눈빛으로 부모님의 느린 걸음을 기다려라. 이 모든 과정이 당신이 인간관계로부터 받은 상처를 치유 받는 가장 좋은 방법이 될 것이다.

6장

결심한 일을
지속하지 못하는
당신에게

01

nothing의 시체를
높이 쌓지 마라

야구선수 중에서 타율이 3할이면 일류선수다. 그러나 잘 생각해 보자. 3할 타자는 바꿔 말하면 7할은 실패한 타자다. 내가 말하고자 하는 핵심이 여기에 있다.

결심한 일을 지속하지 못한다고 해도 상관없지 않은가?

실패했다면 몇 번이고 다시 하면 된다.

당신이 일찍 일어나는 습관을 들이고자 매일 아침 5시에 기상하기로 정했다고 해보자. 그리고 며칠 동안은 그 시간에 정확히 일어났다.

5시가 되면 어김없이 알람시계가 울린다. 아직 밖은 캄캄한 밤처럼 어둡다. 그러나 전날 늦게까지 잠에 들지 못한 당신은 오늘 아침에 일찍 일어나는 것이 정말 힘들다. 30분만 더, 아니 한 시간만 더 잤으면 좋겠다고 생각한다. 오늘만, 오늘 하루만 더 자고 싶다. 그리고 당신은 그만 7시까지 자고 말았다. 자, 당신은 이 상황을 어떻게 생각하는가? 이제 끝이라고 생각할 것이다. 역시 5시에 일어나는 것은 무리라고, 포기하자고 생각할 것이다.

그렇다면 그 생각은 잘못된 것이다. 정한 일을 100% 하지 못해도 좋다. 70%라도 좋고 50%라도 좋다. 지금까지 한 번도 5시에 일어나 본 적이 없었던 당신은 몇 번씩이나 5시에 일어날 수 있었다. 그것만으로도 충분히 진보한 것이 아닌가!

정한 것을 지속하지 못하는 사람들은 대부분 처음부터 완벽을 추구한다. 하지만 완벽에 도달하기 위해 들이는 노력에도 단계가 있고 수준이 있다. 하루 한 시간도 어떤 일을 위해 노력을 하지 않았던 사람이 크게 깨달은 바가 있어 하루 10시간 노력하겠다고 마음 먹었다 할지라도, 결코 10시간 노력을 할 수 없다. 노력은 마음 먹기에 달려있지 않다. 노력의 양은 하루아침에 획기적으로 늘어나지 않음을 먼저 깨달아야 한다.

할 수도 없으면서 100%를 목표로 삼는다. 자신의 키 이상의 너무나 큰 목표를 세워서 예상대로 실패를 하고 역시 불가능하다며 포기한다. 'all or nothing'의 사고방식에서는 끝내 'nothing'

만을 선택하는 결과를 초래한다.

새벽 5시에 기상하는 아침형 인간이 되겠다고 결심했다면, 1주일에 3일 정도를 목표로 정한다. 그러다가 이마저도 벅차다고 생각한다면 1주일에 이틀만 지켜도 충분하다. 중요한 건 완벽이 아니라 한 번이라도 목표에 도달하는 것이다. 한 번 목표에 도달하면 두 번, 세 번은 그만큼 더 쉬워진다. 결코 주변에 nothing의 시체를 산처럼 높이 쌓지 마라.

30대가 되면 성공에 대한 열망이 그 어느 때보다도 강해지는 탓에 실패가 그림자처럼 따라다닌다. 그때마다 절망하다 보면 절망에 익숙한 삶을 살고 만다.

30대에는 완벽한 실패를 하지 않는 것이 성공보다 더 중요하다. 완벽한 실패란 다시는 시도하지 않는 재기불능의 상태를 의미한다. 이같은 함정에 빠지지 않기 위해선 3할만 친다고 생각하라. 그리고 3할을 위해 바쳐진 7할의 실패를 사랑하라. 그 7할의 실패가 없었다면 결코 3할의 타율을 기록할 수 없었을 테니까 말이다.

당신이 현재 무수한 '시작'을 하고 있다면, 그것만으로도 당신은 30대를 탁월하게 보내고 있는 것이다. 시작이 있으면 반드시 끝이 있다. 1타수 1안타로 타율 10할을 기록했다고 할 수 있겠는가? 진정한 3할 타자는 수백 차례의 타석에 들어설 때 완성

된다. 몇 개의 안타를 쳤느냐가 중요한 것이 아니라 몇 번의 타석에 들어섰느냐가 훨씬 중요하다는 사실을 명심하고 또 명심하라.

02

1만 시간의
법칙을 따라라

토머스 에디슨에 관한 아주 유명한 이야기가 있다. 실용적인 전구를 만들기 위해 필라멘트의 재료를 발견하기까지 그는 1만 번 이상의 실험에서 깨끗하게 실패했다. 하지만 그는 그를 비웃는 사람들에게 다음과 같이 말했다.

"나는 1만 번의 실패를 한 것이 아니다. 1만 가지의 잘못된 방법을 발견한 것뿐이다."

그리고 그는 전구 개발에 마침내 성공했다.

여기서 나는 당신에게 물어보고 싶다.

에디슨은 1만 번의 실험에 실패하고 그후 겨우 한 번의 실험에 성공했다. 과연 그는 실패한 사람일까? 아니면 성공한 사람일까?

이제 깨달았을 것이다. 그렇다, 세상 사람들은 에디슨을 성공한 사람이라고 기억한다. 사람들은 그가 기록한 1만 번의 실패는 보지 못한다. 최후의 성공만 보이는 것이다.

그렇다면 질문을 하나 더 해보자. 에디슨이 반복되는 실패에 지쳐서 도중에 포기해버렸다면 어떠했을까?

당신이 생각하는 대로다. 그렇다, 그랬다면 에디슨은 실패한 사람이 되었을 것이다. 여기에서 아주 귀중한 교훈을 얻을 수 있다.

도전을 포기하지 않는 한 실패란 없다.
도전을 포기한 순간 실패한 것이다.

이는 모든 일에 적용되는 울림 깊은 깨달음이다. 결심한 일이 두 번 세 번 실패하더라도 포기해서는 안 된다. 아니, 5,000번, 1만 번 실패 했다고 해도 포기하면 안 된다. 말콤 글래드웰이 설파했듯이 성공한 사람들은 '1만 시간'을 노력한 사람이다. 이는 하루 3시간씩 10년에 해당하는 어마어마한 시간이다. 1만 시간 동안 그들은 실패를 밥 먹듯한 사람들이다.

아침형 인간이 되는 일에 실패했더라도 포기하지 말고 다시 도전해보자. 다이어트에 실패했더라도 다시 도전해보자. 물론 사회생활도 마찬가지다.

성공한 사람들 가운데 천재는 1%에 불과하다. 나머지 99%는 지독한 노력벌레들이다.

어떠한가? 마음이 조금 편해졌는가? 나 또한 이렇게 사고방식을 바꾸고 나서 지금까지 지속하지 못했던 일들을 지속할 수 있게 되었다. 그리고 40대에 이르러 마침내 1만 시간의 결실을 얻게 되었다. 주식투자자들 가운데서도 진정한 승자는 10년 이상 장기투자한 사람들이다. 성공은 어떤 한 개인의 타고난 특정한 능력에 의해 쟁취되는 성취가 아니다. 한 개인의 무서울 만큼의 노력에 의해 쟁취되는 성취다.

03

성공은 무욕과
과욕 사이에 있다

계속하는 비결을 하나 더 가르쳐주겠다. 이는 실패하지 않는 방법이라고 불러도 좋을 것이다. 그건 바로 '욕심을 내지 않는 것'이다.

간단하지만 진실한 가르침이다.

새로운 일을 시작하고자 할 때 당신의 머릿속에는 기대와 희망이 가득 차 있을 것이다. 새로운 목표를 실현시켰을 때의 환호와 기쁨이 눈앞에 선명하게 떠오를 것이다.

예를 들어 살을 아주 많이 빼서 멋진 옷을 입고 사람들의 시선을 한몸에 받는 자신을 상상해보자. 사업도 성공하고 록본기 힐즈(일본의 부유층이 사는 곳. 옮긴이)에 살며 페라리를 타는 자신을 상상해 보자. 실로 가슴이 뛰지 않을 수 없다.

그리하여 자신의 능력을 뛰어넘는 높은 목표를 세우게 된다. 그리고 그 목표를 단번에 손에 넣고자 욕심을 부리고 만다.

그래서 결정한 일을 오래 지속시키지 못한다. 욕심을 부린 것도 모자라 너무 높은 목표를 설정하고 결정한 것을 지키지 못하게 된다. 예를 들어 조금씩 하면 되는 일을 하루에 10km나 조깅을 한다. 그리고 그 다음날 심한 근육통과 피곤함이 몰려와 달리는 일에 질려서 조깅을 그만둔다.

그뿐 아니다. 시작했을 때뿐 아니라 겨우 페이스를 유지하게 된 도중에도 '욕심'의 유혹에 빠지게 될 것이다. 예를 들어 1km를 즐겁게 달릴 수 있게 되면 곧바로 거리를 두 배로 늘린다. 또는 욕심을 더 내서 5km로 늘린다. 하루 한번 아침에만 달리던 운동량을 늘려 아침과 저녁으로 달린다. 이런 욕심이 계속 당신을 유혹할 것이다.

물론 욕심은 성공에 꼭 필요한 필수 양념과도 같다. 아무런 욕심이 없는 사람은 성공할 필요조차 느낄 리 없기 때문이다. 하지만 양념이 너무 과하면 음식의 맛은 형편없어진다. 그래서 욕심에도 페이스가 있다. 자신의 욕망과 열망을 적절하게 조절하면서 목표를 향해 매진해야 한다. 조금은 아쉽고 부족하다고 느끼는 수준에서 천천히 늘려 가는 것이 효과적이다.

성공은 무욕無慾과 과욕過慾 사이에 존재한다.

04

점수를 매기지 않는
경기는 없다

무더운 여름날 고시엔甲子園 야구장에서 고교야구의 결승전이 열렸다고 상상해 보자. 선수들은 인생을 걸고 죽을힘을 다해 결전을 벌인다. 헤드 퍼스트 슬라이딩, 다이빙 캐치, 스트라이크 존을 아슬아슬하게 통과하도록 제구하는 에이스 투수…

경기장은 비 오듯 흐르는 땀과 터질 듯한 심장박동 소리로 가득하다. 서로가 필사적으로 공을 치고 달리고 던지는 막상막하의 시합이다. 관중석에서도 목이 터져라 응원을 하고 있는 사람들로 가득하다.

그런데 전광판에는 아무런 숫자가 새겨져 있지 않다. 선수들도 응원단도 자신의 팀이 지고 있는지, 이기고 있는지 알지 못한다. 지금 현재 몇 대 몇인지 알지 못한다. 이런 시합이 과연 존재할까? 점수도 모르면서 열심히 싸우는 일이 가능할까?

가능하지 않다. 점수를 매기지 않는 경기는 이 세상에 단 한 게임도 펼쳐지지 않는다. 하다못해 동네 꼬마들도 날마다 골목에서 축구나 야구를 하며 꼬박꼬박 점수를 매긴다. 응원을 하는 사람이든 직접 경기에서 뛰는 선수든 간에, 그들은 모두 점수에 가장 민감하다.

이는 비단 스포츠 경기뿐만이 아니다. 얼마나 달성했는지 확인하지 않는 치열한 승부는 없다.

당신이 다이어트를 목표로 한다면 우선 체중계를 사는 것부터 시작해야 한다. 그리고 1주일에 한 번, 한 달에 한 번 체중을 재는 것이 아니라 매일 몇 번씩 체중을 재야 한다.

야구 시합에는 실시간으로 전광판에 점수가 표시되고 전원이 그것을 실시간으로 확인한다. 1회에서부터 5회까지 점수를 기록하지 않다가 나중에 합쳐서 점수를 체크하는 일은 절대로 없다. 그것과 마찬가지다. 실시간으로 측정하고 체크해야 치열하게 승부를 겨룰 수 있다. 하지만 이를 소홀히 하고 있는 사람들이 너무나 많다. 예를 들어 영업사원에게 매출은 야구경기의 스코어와 마찬가지다. 설마 전혀 체크하지 않는 사람이나 회사는 없겠지만 영업성과를 1주일에 한 번, 또는 한 달에 한 번만 집계하는 회사가 많다.

단언컨대 이런 조직에는 비전이 없다. 언제든 고개만 들면 자신의 점수가 몇 점인지, 자신이 몸담고 있는 회사의 매출 그래프가 어디쯤 와 있는지 실시간으로 확인할 수 있게 하는 조직만이 살아남는다.

성공하고 싶다면 현재 자신의 위치가 어디인지, 정확하게 알아야 한다. 정확한 숫자로 인지할 수 있어야 한다. 그렇지 않으면 참가하는 데만 의의를 두는 아마추어가 될 수밖에 없다. 언제 어디서든 실시간으로 자신의 기록을 알 수 있도록 하라. 설령 자신의 점수가 부진을 면치 못하고 있다 할지라도 두 눈 부릅뜨고 이를 바라볼 수 있어야 한다. 또한 자신의 라이벌의 점수도 실시간으로 파악할 수 있어야 한다. 그래야만 진검승부를 펼칠 수 있고, 그 승부에서 칼자루를 움켜쥘 수 있다.

당신이 칼자루를 움켜쥐면, 당신의 상대는 칼날을 움켜쥘 수밖에 없다.

05

목표를
세분화하라

내가 예전에 근무했던 리쿠르트에서는 기간별로 수많은 목표치가 있었다. 분기목표, 월간목표, 주간목표, 일간목표 등등 세분화된 목표들이 존재했다. 나는 왜 이렇게 비슷한 숫자들을 쪼개서 각 기간별로 잔뜩 만들어 놓는 것인지 좀처럼 이해하기가 어려웠다.

그 가운데서도 회사가 가장 중요하게 생각하는 지표는 분기목표였다.

즉 3개월 동안의 매출을 합쳐서 한 분기의 목표를 달성하면 되는 것이다. 그 밖의 월간·주간·일간 목표는 부차적으로 만들어놓은 것뿐이었다.

그렇다면 분기별 목표만으로도 충분하지 않은가? 나는 그렇게 생각했다. 하지만 훗날 경영일선에 직접 나서보니 그 이유를 비로소 깨달았다. 목표를 세분화하면 달성하기가 쉬워지기 때문이었다. 그리고 즐겁게 일할 수 있는 동기부여도 되었다.

예를 들어 영업사원이 분기별 목표 매출을 300만 엔으로 세웠다고 가정해보자. 그러면 월간목표는 한 달에 100만 엔씩이다.

가령 첫 달의 매출이 월간 목표에 20만 엔 부족한 80만 엔이고, 두 번째 달은 목표치인 100만 엔, 세 번째 달에는 첫 달의 부족분을 만회해서 120만 엔의 매출을 올려서 분기별 합계가 300만 엔을 달성했다고 하자.

기간별 목표달성률은 다음과 같다.

● **1분기 목표달성률**

1개월 : 26.6%

2개월 : 60%

3개월 : 100%

● **월간 목표달성률**

1개월 : 80%

2개월 : 100%

3개월 : 120%

자, 이제 알겠는가? 목표를 세분화하면 성취감을 느끼기가 쉽고 목표가 작아 보이는 탓에 달성하기도 수월해보인다.

그뿐만이 아니다. 만약 초반에 목표치를 크게 달성하지 못해서 분기목표를 달성하는 것이 불가능하다고 포기했던 사람이라도 월간목표라면 달성하는 것이 가능하다. 반대로 초반의 눈부신 활약으로 분기목표를 이미 달성한 사람이라 할지라도 월간목표를 달성해야 하기 때문에 마음을 놓을 수 없다. 이처럼 세분화된 목표는 당신에게 동기부여를 한다.

30대의 당신에게 가장 중요한 목표는 무엇인가?

그것이 무엇이든 간에, 먼저 잘게 쪼개는 훈련을 습관화하라.

06

최강의 툴은
'시각화'의 활용이다

나는 책을 쓸 때는 항상 책상의 벽에 목차를 붙여놓는다. 그리고 목차별로 집필을 완성할 때마다 그 항목을 매직으로 까맣게 칠한다. 그 순간의 쾌감은 무엇과도 비교할 수가 없다. 또 하나를 완성했다! 총 200페이지 이상인 책의 목차가 조금씩 까맣게 칠해져 간다. 그 면적이 점점 늘어나 전부 까맣게 되어간다. 나는 성취감으로 가득 찬다. 빨리 칠하고 싶다. 나는 점점 일에 빠져 들어간다.

이것이 바로 '시각화'의 효과다.

나는 어렸을 때 싸구려 과자인 '가면라이더' 안에 들어 있는 '라이더 카드'를 모으는 것에 온통 몰입했던 적이 있었다. 당신도 무엇인가에 집중한 적이 있을 것이다.

요즘 유행하는 것으로 말하자면 피규어나 코카콜라 병뚜껑을 수집하는 동호회 등과 같은 것이다. 특이하게도 우유병의 뚜껑을 모으는 사람들도 있다. 고급 스포츠카 모양을 한 지우개도 한때 유행했었다. 아주 오래 전에 수집 아이템의 원조로 각광받았던 우표나 미니카 등을 수집하는 사람들도 여전히 많다.

내가 무슨 말을 하려고 하는지 이미 눈치 챘을 것이다. 사람은 아무런 의미가 없는 것도 일단 모으기 시작하면 계속 모으게 되는 습성을 갖고 있다. 모으는 일은 그 자체가 목적이 되어 즐거움과 취미로 변한다.

이 습성을 적극 활용하자. 당신이 달성하고 싶은 목표를 표로 만들어서 책상 앞의 벽에 붙여놓자. 그리고 그것을 하나씩 색칠해 가면서 짜릿한 쾌감을 느끼자. 이는 정신건강에 아주 좋은 활동이 될 것이다. 이때 주의해야 할 것이 있다. 절대로 컴퓨터 파일로 만들어서는 안된다. 반드시 종이로 출력해서 벽에 붙여야 한다.

'시각화' 효과를 만끽하려면 아날로그 방식을 이용해야 한다. 디지털 방식은 늘 의도적으로 부팅하지 않으면 눈에 띄지 않기 때문이다. 당신 인생의 미션과 사명을 체계적으로 시각화해 놓으면 거짓말처럼 그것을 완성하기 위해 일로매진한다.

세계적인 경영석학 짐 콜린스 또한 《좋은 기업을 넘어 위대한 기업으로》에서 위대한 기업이 되는 조건으로 미션과 사명을 세우고 이를 시각화하는 것을 꼽았다.

이는 기업뿐 아니라 개인에게도 마찬가지로 적용된다.

눈을 뜨면 항상 보이는 곳에 당신의 목표를 붙여놓아라. 목표뿐 아니라 그곳에 닿을 수 있게 하는 에너지 넘치는 문구들도 붙여놓아라. 그러면 새로운 활기가 생겨날 것이다. 마음을 다시 다잡게 될 것이다. 팽팽한 긴장감이 당신에게 탄력을 줄 것이다.

시각화는 결정한 일을 지속하게 이끄는 최강의 툴이요, 최강의 전략임을 명심하라.

07

ABC 이론을
철저하게 지켜라

목표를 세분화하고 작은 일부터 시작했다면 당신은 착실하게 하나씩 목표를 달성하고 있을 것이다. 축하한다!

만약 당신이 목표를 달성했다면 그때마다 반드시 자신에게 작은 포상이라도 주도록 하라.

예를 들어 다이어트로 5kg의 몸무게를 줄이겠다고 목표를 세웠다면, 목표를 달성한 후에는 단 한 번 포상을 주는 것으로는 부족하다. 하루 단위로 세분화한 목표, 예를 들어 1일 칼로리 섭취량 제한이라는 목표를 달성했을 때마다 포상을 주는 것이다.

몇 달 동안 참았다가 단 한 번뿐인 포상을 받는 것보다 몇십 번씩 포상을 받는 것이 의욕을 북돋워준다는 뜻이다. 사람은 받을 수 있을지 없을지 모르는 불확실한 미래의 큰 보수보다 크지는 않더라도 확실하게 받을 수 있는 작은 포상을 선택하게 된다.

행동분석의 기본이론으로 'ABC 이론'이라는 것이 있다. A는 '선행요인antecedents', B는 '행동behavior', C는 '행동결과consequences'의 알파벳 첫 글자다. 간단하게 설명하면 어떤 행동을 할 때에는 사건의 원인인 선행요인이 있어 행동하게 된다. 그리고 그 결과가 좋으면 그것을 반복하고, 결과가 나쁘면 그 행동을 그만둔다는 아주 당연한 기본법칙이다.

그래서 포상을 함으로써 C의 행동결과에 영향을 주는 것이다. '목표를 달성하면 좋은 일이 있다, 기분이 아주 좋다'고 스스로에게 세뇌를 시키는 것이다.

포상의 종류는 어떤 것이라도 상관없다. 사고 싶은 잡지를 산다거나 좋아하는 사탕을 먹는다거나 TV를 2시간 동안 볼 수 있는 권리라도 좋다. 그렇게 매번 목표 달성한 것을 축하하는 것이 중요하다.

포상이라고 할 수도 없는 것이지만 수첩에 적어 놓은 매일매일의 목표를 클리어할 때마다 빨간색 펜으로 '◎'나 '★'를 표시하는 것도 큰 즐거움 중 하나다. 성취감으로 인한 엔돌핀이 분비된다.

목표를 세분화해서 작은 것부터 시작하라. 그리고 목표를 달성할 때마다 작은 포상을 스스로에게 선물하라.

이것으로 당신의 행동에 가속도가 생긴다. 당신은 이제 더 이상 한번 결정한 일을 지속하지 못하는 사람이 아니다. 서른 살부터 당신은 유능한 사람으로 다시 태어나고 있는 것이다.

08

1m만
더 뛰어라

'오늘은 여기까지 하고 그만하자. 수고했다. 참 잘했다.'

이렇게 스스로에게 말을 걸어보라. 성취감과 해방감으로 충만한 기분은 이루 말할 수 없이 짜릿할 것이다. 이렇게 기분 좋은 당신에게 한 가지 제안을 하겠다.

일의 능률이 오른 지금이야말로 조금 더 분발한 후에 업무를 종료하는 것은 어떨까?

즉 일을 조금씩만 더 하고 나서 휴식을 취하는 것이다. 조금만 더 업무종료 시간을 연장하는 것이다.

예를 들면, 자료를 만드는 것이 목표라면 여분으로 한 장만 더 만들고 나서 업무를 끝내는 것이다. 방문영업을 하는 당신이라면 맨 마지막에 한 집 더 방문해 보는 것이다. 그것이 끝난 후에 업무를 종료 하는 것이다.

실천해 보면 금방 알겠지만 이 한 걸음이 쌓이고 쌓이면 아주 큰 효과를 낼 것이다. 내일이 지나도 포기하지 않고 당신이 지속하는 동안에 아주 큰 힘이 되어줄 것이다.

무엇보다도 '마지막으로 조금 더 분발'하는 것은 골^{goal}이 바로 눈앞에 보이기 때문에 피곤함이 거의 없다. 이 한 걸음을 내딛은 후에 끝내도록 하자. 그렇게 생각하면 힘들지 않게 해치울 수 있다는 말이 된다. 같은 걸음이라도 맨 처음 첫걸음은 무게로 치자면 하늘과 땅만큼의 현격한 차이가 있을 것이다. 그 힘을 활용하자.

어차피 같은 걸음을 걷는다면 기분 좋게, 게다가 편하게 걷는 편이 좋지 않은가? 그래서 마지막에 한 걸음 더 내딛는 것이 중요한 것이다.

나는 마지막 한 걸음을 잘 활용한다. 그리고 한 걸음 더 분발하자고 결심하고 일을 하는 동안에 나도 모르게 일에 빠져서 두 걸음, 세 걸음 분발하게 되는 경우가 많다. 게다가 시간가는 줄 모르고 집중해서 일을 하다가 결국 다음날 아침까지 한 번에 일을 끝내버리는 경우도 몇 번이나 있었다. 그 정도로 업무가 끝나는 시간에 일의 능률이 가장 높다. 그것을 잘 활용해서 자신을 속여보자. 당신도 그렇게 만만치 않은 사람이 돼보는 것은 어떨까?

타인을 속이라는 것이 아니다. 자신을 속여보자. 그래서 그 능력을 잘 활용해보자.

자, 당신이 '마지막으로 조금 더 분발'하는 새로운 습관을 기르기 위해서라도, 이 책을 한 페이지만 더 읽고 난 후에 덮는 것은 어떨까?

신이 주신,
다시 찾아온 기회를 놓치지 마라

결심을 하고 시작은 했지만 지속하지 못하고 중도에 포기해 버린 수많은 실패의 경험. 그런 유령 같은 것과 갑자기 재회했던 경험은 없는가?

나는 22살 때 금연에 성공했다. 그전까지 몇 번이나 금연에 도전했지만 매번 실패했다. 그러나 22살 때 다시 도전하기로 결심을 하게 된 기회와 우연히 만나게 된다. 그리고 그때 처음으로 단번에 담배를 끊는 일에 성공했다. 이 기회를 만나지 못했다면 지금도 나는 담배를 피우고 있을지도 모른다. 다시 한번 도전할 수 있어서 정말 다행이다. 도전하는 기회를 잡은 것이 정말 다행이라고 생각한다.

그 기회는 처음으로 친구와 해외여행에 간 것이다. 여행지는 일본인이 가장 좋아하는 곳인 하와이의 오아후 섬이었다.

우리는 와이키키 해변에서 걸어서 15분 정도 가야 하지만 불편한 만큼 숙박비가 싼 이름 없는 호텔에 묵고 있었다. 돈은 없어도 시간은 넘칠 만큼 있었던 우리는 그곳을 거점으로 2주 이상 섬의 구석구석을 탐색하며 돌아다녔다. 그리고 나는 오아후 섬에서 '화이트칼라'는 거의 아무도 담배를 피우지 않는다는 사실을 깨달았다. 담배를 피우는 사람들은 '블루칼라'뿐이었다. 잡지나 TV에서 들은 이야기 그대로였다.

나는 이미 취업이 정해져서 1년 후에는 정장을 입은 '화이트칼라' 직업을 갖게 될 예정이었다. 나는 큰 충격을 받았다. '역시 담배는 끊어야겠다'라는 생각을 했다. 그리고 그때부터 오아후 섬에서 금연을 시작했다. 그후 지금까지 20년 이상 금연을 하고 있다.

포기해 버린 실패들 중에서도 언젠가 반드시 다시 시도해 볼 수 있는 기회가 찾아오게 된다. 그것은 우연을 가장해 갑자기, 그러나 필연적으로 찾아오는 것이다. 그 재회를 '운명'이라 생각하고 다시 한번 도전해 보는 것이 중요하다. 그 기회를 놓쳐서는 안 된다. 찬스라고 생각하고 다시 시도해보자.

내가 오아후 섬에서 금연을 결심하게 된 것은 정말 '운명'이었다.

30대에 진입한 당신도 과거에 포기해버린 실패의 유령이 많이 있을 것이다. 그 유령들과 어디선가 만나게 된다면 '운명'이라고 생각하고 다시 한번 도전해 보자. 그것은 신이 주신 소중한 찬스다.

10

절대 남몰래 숨어서
하지 마라

인간은 나약한 동물이다. '해야지!'하고 생각은 하면서도 실천이 잘 되지 않는다. '하면 안 된다'라고 생각하면서도 결국 저지르고 만다. 비웃음이 나올 정도로 한심한 어쩔 수 없는 동물이다. 따라서 나는 다음과 같은 결론을 내렸다.

'혼자서 고독하게 노력해서는 안 된다.'

약한 사람들끼리 혼자서 애쓰는 일은 그만두자. 서로 도움을 주고 격려를 하며 도전하는 편이 훨씬 좋은 방법이다.

그런데 알면서도 서로를 도우려고 하지 않는다. 왜 그럴까?

그 이유는 창피를 당하고 싶지 않기 때문일 것이다.

예를 들어 다이어트를 할 때 주위에 알려서 격려를 받는 것이 창피한 것이다. 근본적으로 체중을 신경 쓰고 있다는 것을 다른 사람에게 알리고 싶지 않은 것이다. 게다가 실패했을 때 비웃음을 당할 것이 두렵기 때문이다. 실패하게 되면 한심해 보이니까 아무에게도 말하지 않고 남몰래 시작하는 것이다. 그러면 실패해도 창피를 당할 일이 없다고 생각하기 때문이다.

그렇지만 잘 생각해 보자. 지금 당신의 머릿속에 떠오르는 것은 어떤 이미지일까? 다이어트에 성공한 자신의 모습인가? 아니면 실패한 자신의 모습인가? 자, 이제 알겠는가? 당신의 머릿속에는 실패한 모습을 떠올리고 있을 것이다. 즉 당신은 스스로 실패를 부르고 있는 것이다. 실패한 자신을 머릿속에 이미지화하고 그 예상대로의 실패하는 것을 반복하고 있는 것이 된다.

다이어트를 시도했을 때, 나는 가족과 친구들에게 하루하루의 진척상황을 보고했다. 부끄럽게 생각하지 않고 회사에 야채만 가득 담긴 도시락을 싸가지고 다니며 숨기지 않고 당당하게 먹었다. 숨기는 것은 실패할 것이라고 생각하는 것과 같다. 실패를 예상하고 자기 스스로 그렇게 되도록 행동해서 결과를 확인하게 된다.

창피할수록 자신의 목표를 공개하자. 가까운 사람들에게만 보고하고 격려를 받는 것도 좋다. 당신도 나도 이성으로 통제할 수 없는 너무나 약한 인간이기 때문이다.

7장

꿈과 목표를
발견하지 못한
당신에게

01

파랑새는
멀리 있지 않다

'지금 일은 나에게 어울리지 않는다. 나는 이런 사람이 아니다. 어딘가에 내 능력을 발휘할 수 있는 멋진 일이 있을 것이다. 나에게 딱 맞는 최고의 회사가 있을 것이다.'

이런 생각을 한 적은 없는가? 나의 20대는 그런 생각으로 가득 차 있었다.

이런 사람을 가리켜 '파랑새 증후군'이라고 한다.

벨기에의 극작가이자 시인인 마테를링크의 동화극 《파랑새》의 주인공에게서 유래했다. 어린이를 위한 동화라고 생각하겠지만 이는 어른들에게도 많은 가르침을 제공하는 인생에 관한 철학으로 가득한 작품이다.

그 내용을 간단하게 소개해보자.

치르치르와 미치르 남매는 꿈속에서 마법사 할멈으로부터 병든 딸을 위해 파랑새를 찾아달라는 부탁을 받는다. 그래서 개, 고양이, 빛, 물, 빵, 설탕 등의 님프(요정)를 데리고 '추억의 나라', '밤의 왕국', '행복의 나라' 등을 순례하며 파랑새를 찾아다닌다. 파랑새로 보이는 새를 잡아서 새장에 넣으면 매번 다른 색으로 변해버리거나 죽어버린다. 결국은 끝내 찾지 못하고 집으로 돌아온다. 그리고 꿈에서 깨어난다. 그때 옆집 할머니가 찾아와서 남매가 기르는 새를 갖고 싶다고 말한다. 새를 기르고 있었다는 사실조차 잊고 있던 남매는 자신들의 새를 가지러 가보니 어느 새 파랑새로 변해 있었다. 그리고 옆집에 가지고 가자 그 할머니의 딸의 병이 낫는다. 다행이라고 기뻐하는 사이에 파랑새는 어디론가 날아가버린다.

그렇다, 파랑새는 멀리 있는 것이 아니다. 파랑새는 당신의 가정에, 당신과 아주 가까운 곳에 있다. 한 번 더 자신의 가정을, 내 주위를 둘러보는 것은 어떨까?

물론 이 이야기는 철학적인 비유일 뿐이다. 당신의 집 안에서 파랑새를 찾으라는 것도 단지 비유일 뿐이다. 방문을 열거나 장롱을 뒤지지 말길 바란다.

예를 들어 현재의 직업이 천직이 아닐까라고 당신 자신에게 물어보기를 바란다. 일 자체가 아니더라도 지금의 직업에 관한 무엇인가가, 그리고 지금의 회사 어딘가에 천직의 힌트가 있을 지도 모른다는 시각을 갖기를 바란다.

파랑새는 멀리 있는 것이 아니다.

파랑새는 아주 가까운 곳에 있다.

02

커리어 드리프트를
활용하라

우리 회사에서 제공하는 연수 코스 중에는 개인의 꿈이나 비전을 스스로 그려보는 과정이 있다. 그 과정을 진행해보면 참가자 중 한두 명은 반드시 이런 질문을 한다.

"강사님! 아무리 생각해도 꿈이나 비전이나 목표가 떠오르지 않습니다. 어떻게 하면 좋을까요?"

나는 이런 질문을 받으면 항상 다음과 같이 대답한다.

"괜찮습니다. 억지로 꿈을 만들어내지 않아도 됩니다."

꿈은 무리해서 만드는 것이 아니다.
꿈은 우연히 만나는 것이다.

스탠퍼드 대학의 존 크롬볼츠 심리학 교수는 경력을 쌓을 때는 자주적으로 계획하고 노력하는 '커리어 디자인$^{career design}$'뿐 아니라 예상하지 않았던 우연에 의한 '커리어 드리프트$^{career drift}$'도 잘 활용해야 한다고 강조한다.

우선 대세에 자신을 맡기고 여러 가지 업무와 지위를 경험해 본다.

그러는 사이에 자신도 알지 못했던 가치관이나 능력과 만나게 되고 조금씩 명확한 사상을 갖게 되는 것이 중요하다는 뜻이다.

그리고 인생에서 몇 번밖에 찾아오지 않는 '이거다!'하는 느낌이 들 때만 주변 상황에 저항해서 자신의 손으로 그 운명을 끌어당긴다.

즉 커리어를 디자인하라는 것이다. 크롬볼츠 교수는 이를 '계획된 우연$^{planned happenstance}$ 이론'이라고 명명했다.

덕분에 나는 현재 내 직업에 만족하며 행복한 인생을 살고 있다. 그런 내가 현재의 직업인 컨설턴트와 만난 것은 우연이었다. 그리고 지금 회사의 경영 파트너와 10년 만에 재회해서 함께 일을 시작하게 된 것도 우연이었다.

신이 운명의 시계 침을 아주 조금이라도 엇갈리게 했다면 나는 전혀 다른 인생을 살고 있을 것이다. 운명에는 저항해서도 안 되며 저항할 수도 없다.

30대에는 의식적으로 자신을 운명에 맡기는 도량도 길러야 한다.

03

행운은 분투하는 자의
전유물이다

자, 그럼 우연히 꿈과 만날 때까지 아무것도 하지 않고 상황이
흘러가는 대로 방황하고 있어도 괜찮은 것인가?

나는 그렇게 생각하지 않는다.

아마도 그런 태도라면 진정한 꿈과 만나기는 하늘에 별 따기
만큼이나 어려울 것이다.

아무 생각 없이 지내는 것이 아니라 오늘 눈앞에 주어진 일
에 최선을 다해야 한다. 아주 조금이라도 좋다. 상대방이 바라
는 것 이상의 수준으로 일을 하라. 그렇게 자신에게 주어진 일
에서 절대로 손을 떼지 않고 전력을 다해서 집중한 사람에게만
우연하게 행운이 찾아온다. 이는 내 오랜 경험에서 우러난 철칙
이다.

내가 컨설턴트라는 일과 우연히 만난 것은 적성에 맞지 않는다고 생각했던 당시의 내 업무에 전력을 다해 임하고 있었기 때문이다. 당시 나는 간사이(關西)지사에서 편집부를 거쳐 영업부로 이동해 영업사원을 지원하는 슈퍼바이저와 같은 업무를 담당하고 있었다. 그러나 나는 그 일을 즐겁게 했다. 그리고 큰 성과를 올리고 있었다.

그러자 리쿠르트에서 창립된 지 40년 만에 처음으로 설립된 컨설팅 부서의 본부장이 나를 스타팅 멤버로 사내 헤드헌팅을 해주었다. 그때 나를 뽑아준 이유는 다음과 같았다.

"당신이 간사이 지사에서 최고라고 들었기 때문이다. 또한 나는 당신이 최고의 성과를 올린 분야가 당신의 적성에 맞지 않는 일이라는 것도 잘 알고 있다. 어떤 일이든 기대 이상의 실적을 올리는 사람에게 새로운 부서의 일을 맡기고 싶어 당신을 발탁했다."

나는 너무나 기쁘고 행복했다. 곧바로 짐을 싸 드넓은 글로벌 도시인 도쿄로 발걸음을 옮겼다.

행운이란 누구에게나 찾아오지 않는다. 행운은 무슨 일이든 열심히 하는 사람에게 주어지는 뜻밖의 선물이다. 꿈을 찾을 수 없다고 푸념하면서 대충 시간을 때우기보다는, 꿈이 당신을 찾아올 때까지 감동적으로 일을 하는 자세가 필요하다. 그러면 당신은 깨닫게 될 것이다. 찾아 헤매기보다는 찾아오게끔 만드는 것이 인생을 살아가는 아름다운 지혜라는 사실을 말이다.

'Heaven helps those who help themselves.'

그렇다, 하늘은 스스로 돕는 자를 돕는다.

당신은 이 격언을 지금까지 귀에 못이 박히도록 들어왔을 것이다. 그렇다면 이제 귀에서 그 못을 뽑아내고, 이 격언이 당신을 찾아오게끔 손에 못이 박히도록, 발에 못이 박히도록 뛰어라. 언제까지 격언을 액자에만 넣어둔 채 음미할 것인가?

눈앞에 주어진 일에 집중하자. 최선을 다해 노력하는 것을 게을리하지 말자. 당신의 분투하는 30대를 하늘은 반드시 도와줄 것이다.

04

오토크라인을
적극 분비시켜라

만약 당신의 노력이 결실을 맺어 운 좋게도 우연히 꿈과 만났다면 이제 막 태어난 꿈을 구체적인 형태의 것으로 키우는 작업이 중요하다.

이를 위해 가장 효과적인 방법은 누군가와 당신의 꿈에 대해서 대화를 나누는 것이다. 혼자서 종이에 쓰는 것은 효과가 없다.

비전을, 그리고 그 실현을 지원하는 코칭의 세계에서는 '오토크라인autocrine'이라는 용어가 중요하게 사용된다. 사전적 정의에 따르면, 오토크라인은 하나의 세포가 호르몬성 물질을 분비, 그 세포 자체가 그 호르몬성 물질의 수용체를 세포표면에 가짐으로써 동일세포로부터 타 호르몬을 방출시키는 분비양식을 뜻한다.

인간은 뇌로 생각한 것을 신경전달물질을 사용해서 세포들에게 전달하고 그 결과, 몸을 움직이게 된다. 그 과정에서 세포는 주위의 세포에 대해서 신경전달물질을 방출할 뿐만 아니라 (이를 '파라크라인paracrine'이라고 부른다), 동시에 같은 물질을 스스로에게도 방출해서 자기 스스로가 보낸 물질을 받는다. 이것이 곧 '오토크라인'이라고 부르는 현상이다. 우리가 말을 할 때 이 오토크라인이라고 불리는 신호물질이 분비된다.

아마도 당신은 머릿속에 확실하게 개념이 잡히지 않는 어떤 일에 대해 일단 언어로 표현하는 사이에, 당신이 말하고 싶은 것이 무엇이었는지 정확하게 깨닫게 되는 경험을 한 적이 있을 것이다. 내게도 이 같은 경험이 자주 있다.

예를 들어 회의에 참석했지만 간부들에게서 나오는 제안이 무엇인지 잘 이해가 가지 않는 경우가 많다. 하지만 어디가 이상한지 확실하게 설명할 수는 없다. 그럴 때 나는 곰곰이 생각하는 것이 아니라 일단 소리를 내어 이야기를 한다.

"잘 설명할 수는 없지만 왠지 잘 이해가 가지 않습니다. 특히 이 부분이 이상하다고 생각합니다. 그리고… 왜냐하면… 아하! 그렇구나.

알겠습니다! 여기가 이상했군요!"

바로 이와 같은 느낌이다.

이 오토크라인을 잘 사용해보자. 희미한 꿈은 글로 쓰지 말고 누군가와 이야기하자. 일단 언어로 바꿔서 소리 내어 이야기해 보자. 그러면 당신의 말을 당신 스스로 듣게 되면서 오토크라인이 분비된다.

이 과정에서 꿈이 선명한 형태를 갖추게 된다.

생각하기 전에 떠오르는 것을 그대로 소리 내서 말해 보자. 한두 시간이 금방 지나갈 것이다.

서른 살이 넘어 처음으로 '꿈'을 발견한 사람이 속출할 것이다.

05

1년은
미쳐라

꿈이나 목표를 찾지 못했다는 이유로 인생을 보류해서는 안 된다. 인생의 일시정지 버튼을 눌러서는 안 된다.

꿈을 찾을 때까지 '충전'한다는 핑계로 문화센터 같은 곳에 다니면 안 된다. 그것은 '충전'이 아니라 '방전'이다. 의외로 당신 혼자만 그것을 깨닫지 못하고 있을지도 모른다.

문화센터에서 뭔가를 배우는 것이 나쁘다고 말하려는 것이 아니다. 인생을 '유보'한 상태로 '아무거나' 공부를 한다고 해도 '방전' 밖에 되지 않는다는 것을 강조하고 싶은 것이다.

중요한 것은 '결정'하는 것이다.
'결정'은 하지 않고 일시정지 버튼을 누른 채 그냥 두면 안 된다.

예를 들어 전직을 결정해도 좋다. 또는 현재 다니는 회사에서 버티자는 결정을 해도 좋다. 기한을 정해서 1년만 죽은 듯이 버텨보자고 생각해도 좋다. 회사를 그만두고 학교에 다녀도 좋다. 결정한 결론의 종류는 무엇이든 상관없다. 유보하지 말고 스스로 결정하는 것이 중요하다.

인생의 일시정지 버튼을 누르고 있는 인간은 한심한 인간이다. 왜냐하면 유보하고 있는 한 모든 일과 인간관계에서 불성실해지기 때문이다.

"아직 다음에 할 일을 정하지 못하고 있기 때문에 적당히 시간을 때우기 위해서 일하고 있습니다."

이렇게 말하고 있는 것과 같다. 이는 너무나 무례한 태도라고 생각한다. 내가 당신의 상사라면 100% 당신을 해고할 것이다.

그렇게 무례한 짓을 할 것이라면 빨리 지금의 일을 그만두는 것이 좋다. 그렇지 않고 조금이라도 남아 있고 싶다면 마음을 바꿔서 '앞으로 1년만 지금 하는 일에 전력을 다해 보자. 그후의 일은 그때 생각해 보자'라고 결정하면 된다.

단지 이것만으로도 당신은 한심한 인간에서 벗어날 수 있다. 인생의 일시정지 버튼을 해제하자.

30대에는 더 이상 핑계나 대는 인생을 끝장내도록 하자.

06

때로는 도망치는 것도
전략이다

이 장에서 지금껏 당신과 나눈 이야기를 정리해보도록 하자.

꿈이나 목표를 발견하지 못하는 당신에게 내가 제안한 4단계 스텝은 다음과 같다.

- 의식적으로 상황이 흘러가는 대로 몸을 맡겨라.
- 지금 눈앞에 주어진 일에 전력을 다해서 집중하라.
- 우연하게 행운과 만나는 날을 기다려라.
- 대세에 맞서서 행운을 불러들여라.

그러나 반드시 이대로 되지 않는 경우도 있을 것이다.

눈앞의 일에 집중해서 열심히 일하고 싶지만 아무리 노력해도 집중할 수 없을 때도 있을 것이다. 이대로라면 불행해지기만 할 것이다. 도저히 못 하겠다는 생각이 들 때도 있을 것이다. 그럴 때는 어떻게 해야 할까? 무조건 참는 것보다 더 나은 방법은 없을까?

너무 힘들면 도망쳐도 좋다.

그러나 그 적을 다음에는 쳐부수어야 한다. 인생의 빚을 그대로 두어서는 안 된다.

나라면 이렇게 생각할 것이다.

물론 이상적인 것은 앞서 말한 4단계 스텝을 따르는 것이다.

그러나 너무 힘들 때는 도망치는 것도 나쁘지 않다. 나도 너무 힘들어서 도망친 적이 몇 번이나 있다.

도망치지 않고 이를 악물고 견뎌야 한다는 것을 알고 있다. 하지만 너무 힘들어서 견딜 수 없는 경우도 있을 것이다.

그럴 때는 도망치자.

그 대신 그 적을 다음번엔 반드시 쓰러뜨리자. '도망'친 것으로 인한 인생의 빚을 반드시 다음번의 새로운 곳에서 갚도록 하자.

'에도의 적을 나가사키에서 쓰러뜨리자'는 것이다.

단, '에도의 적'을 너무 늘리면 안 된다. 쳐부술 수 없을 정도로 많은 적을 만들어선 안 된다. 이를 위해서는 앞에서 살펴본 4단계 스텝을 잘 지켜야 한다. 그리고 도저히 참을 수 없을 때에만 '도망치는' 자신을 용서하자.

한 번의 후퇴는 용서받을 수 있다. 다음번에 반드시 이길 수 있기 때문이다.

07

매달 '꿈'을
업그레이드하라

만약 당신이 운 좋게 당신이 그토록 원했던 꿈이나 비전과 우연히 만났다면 다음과 같은 생각으로 이를 가꿔나가라.

'매달 꿈을 갱신하라.'

꿈이나 비전을 그리는 것은 단 한번으로 족하다고 오해하는 사람들이 많다. 하지만 이는 정녕 잘못된 생각이다. 최소한 한 달에 한 번, 경우에 따라서는 1주일에 한번, 아니 매일 갱신해도 좋다. 그 정도로 꿈이나 비전을 자주 점검하는 기회를 갖는 것이 중요하다. 그리고 다시 체크해 보면 조금씩 모양이 바뀌고 윤곽이 점점 선명해진다. 게다가 그 색깔이 선명해진다. 흑백의 꿈이 선명한 컬러가 되어간다.

나는 37세 때 비로소 인생의 진정한 비전을 발견했다. 하지만 처음에 그것은 아주 희미한 빛과도 같았다. 그때 나는 생각했다. 내 나이 50세에 이르면 1년 가운데 절반은 외국에 나가 살면서 견문을 넓히겠다는 목표를 세웠다. 예순이 되기 전에, 지천명의 젊은 나이에 이 꿈을 이루게 된다면 얼마나 멋질 것인가 가슴이 설레인다.

1년의 반을 해외에서 생활하면서 분기별로 일본과 해외를 왕복하는 것이 나의 꿈이었다. 1분기는 일본에서 생활하고, 2분기는 스페인의 안달루시아에서 생활하고, 3분기는 일본의 가루이자와(일본의 3대 온천 중 하나-옮긴이)에서 지내고, 4분기는 뉴욕에서 생활하는 것이다.

그렇게 제2의 인생은 글로벌하게 살고 싶다고 생각했다. 각각의 장소에 생활의 거점과 마음에 드는 집을 갖는 것이 꿈이었다.

그리고 그곳에서 글을 쓰면서 사는 것이 꿈의 최종 종착지다. 물론 지금의 회사에서 손을 떼고 싶지는 않다. 사원 수가 단 한 명이었던 시절부터 조금씩 키워온 지금의 회사는 나에게 자식과 같은 애틋한 존재다. 따라서 과보호가 아닌 방임적인 지원을 계속하고 싶다. 그리고 각 부서의 리더들에게 경영을 맡기고 싶다. 그것이 현재 나의 꿈이자 인생의 비전이다.

이 비전은 7년 동안 조금씩 형태를 바꿔왔다. 그리고 조금씩 선명하게 색깔이 칠해졌다. 그리고 그것이 선명해질수록 나는 가슴이 두근거리고 의욕이 생겨났다.

30대에 정기적으로 당신의 꿈을 업그레이드해보라. 그러면 없던 의욕이, 새로운 에너지가 싱싱하게 가슴 저 밑바닥에서 떠오를 것이다.

08

플러스 사이클을
만들어라

당신이 아주 순수한 사람이라서 지금까지 내 이야기를 전부 받아들이고 믿어주었다고 가정하자. 잠재의식 속에 긍정적인 꿈을 이미지로 그리기만 하면, 보기만 하면 '자신이 꿈꾸는 사람'이 된다는 것을 깨달았을 것이다. 그리고 그것을 실천하기 위해서 마음속에 원하는 '꿈'을 떠올려볼 것이다. 롯본기 힐즈에 살면서 페라리를 타는 모습을 떠올릴 것이다.

자, 그럼 생각만 하면서, 빈둥거리고 놀면서 지내도 자동적으로 그 꿈이 실현될까? 신이 알아서 당신을 행복하게 만들어줄까?

유감스럽게도 현실은 그렇지 않다. 이 세상은 그렇게 만만한 곳이 아니다. '꿈을 마음에 새기는' 일과 '그것을 실현시키는' 일 사이에는 한 가지 중요한 프로세스가 더 있다. 그것은 꿈을 향해서 '행동하는 일'이다. 그것도 지금 당장 시작해야만 한다.

누누이 강조하지만 몸과 마음은 불가분의 관계다. 만약에 양자가 하나가 되지 않으면 더 강한 쪽이 약한 쪽을 밀어내버린다. 그렇게 되지 않기 위해서는 몸과 마음을 항상 일치하도록 만들어야만 한다.

구체적으로 설명하자면 '꿈'이라는 마음과 '행동'이라는 몸을 일치시켜야 한다. 지금 바로 게으른 생활을 포기하고 관리자다운 행동을 하는 사람으로 변하지 않으면 꿈은 평생 실현되지 않으며 현실에서 벗어나지 못할 것이다.

예를 들어 지각을 겨우 면한 시간에 출근했던 지금까지의 생활을 버리고 매일 아침 5시에 일어나 스포츠센터에서 수영 같은 운동을 한 후에 회사에 출근하자. 또는 업무를 시작하기 30분 전에 아이팟을 한 손에 들고 자주 가는 카페에서 영어회화를 공부하라. 지금까지 지하철에서 만화를 읽으며 출근했다면 '경영자를 위한 멘토링' 같은 제목의 비즈니스 관련 서적을 읽거나 지금까지 한 마디도 하지 않고 멍하니 앉아 있었던 회의에서 반드시 한 번은 건설적인 제안을 해보자.

'꿈'이라는 마음과 모순되지 않는, '행동'을 하는 몸을 만드는 것이다. 그렇게 되면 행동이라는 몸이 꿈이라는 신참자를 마음속에서 밀어내는 일은 없을 것이다. 그 결과, 꿈과 행동의 레벨이 함께 올라가는 '플러스 사이클plus cycle'에 들어서게 될 것이다.

자, 꿈에 맞는 행동을 하자. 지금 당장!

09

계획할 시간을
계획하는 것부터 시작하라

'꿈'이라는 마음과 '행동'이라는 몸을 하나로 만들기 위해서는 지금 바로 행동을 바꿔야 한다. 그러기 위해서는 매일매일 계획을 세우는 습관이 필요하다. 당신 스스로 습관을 만들면 그 다음엔 그 습관이 당신을 만든다. 계획을 세우지 않는 것은 실패를 계획하고 있는 것과 같다.

왜냐하면 꿈을 이루기 위해서는 상사가 지시한 주어진 일을 하는 것만으로는 불가능하기 때문이다. 아무도 지시해주지 않는 1년 후, 2년 후를 위해서 선행투자에 시간을 할애해야만 한다.

구체적으로는 학습이나 자기계발의 시간, 건강이나 스트레스 해소를 위한 시간, 반성을 하고 사기를 높이기 위해서 사색이나 비전을 세우는 시간, 시야를 넓히기 위해서 존경하는 사람과 대화를 나누며 함께 시간을 보내는 것이 그런 것이다.

이러한 것들을 행동으로 옮기기 위해서는 스스로 명령해야만 한다. 그러기 위해서는 일을 시작하기 전에 계획을 세우는 시간이 필요하다. 매일 아침 최소한 15분만이라도 수첩을 펴고 '꿈을 이루기 위해서 오늘 하루 무엇을 해야 할까?'하고 자문하자. 그리고 행동을 자세하게 규정하고 마감시간이 없는 행동이지만 '무리하게' 마감시간을 설정하고 날짜와 시간을 정해서 수첩에 적어보자.

그렇게 하지 않으면 당신은 아마도 미래를 위한 시간을 전혀 할애하지 않은 채 바쁜 업무에 쫓겨서 하루를 보내고 말 것이다. 그리고 아무런 진보도 없는 지금까지와 하나도 변함이 없는 1주일을 보내게 될 것이다.

무엇을 해야 하는지 머릿속에 명확히 들어 있기 때문에 그렇게 귀찮은 짓은 하지 않아도 된다고 말하는 사람이 있을지도 모른다. 그러나 나는 단언한다.

'날짜를 정해서 수첩에 적어두지 않은 일은 아주 중요한 일이라서 꼭 실천하고자 마음을 먹어도 평생 실현되지 않는다.'

'언젠가 시간이 나면 해야지'라는 레벨의 행동은 반드시 나중으로 미루게 되어 결국 하나도 실현되지 않는다. 그 결과, 당신은 당연히 꿈을 이루지 못한 채 인생을 마감할 것이다.

계획하는 시간을 계획하는 것부터 시작하라.

10

위대한 수첩을
만들어라

당신의 수첩에는 도대체 무엇이 쓰여 있을까?

아마도 당신의 수첩에는 고객을 방문하는 시간, 회의시간 등 업무관계의 미팅 약속들만 잔뜩 적혀 있을 것이다. 즉 누군가와 뭔가를 도모하기 위해 사전에 시간을 정한 사안들만 적혀 있을 것이다. 당신의 수첩에 적혀 있는 일을 모두 실행하는 것만으로 과연 당신의 꿈은 실현될 수 있을까?

구체적으로 설명하겠다. 예를 들어 당신이 내일 A사의 야마다 과장과 미팅을 하고 오후에 영업회의에 참석해야 한다고 가정하자. 자, 당신이 수첩에 적어놓은 이 계획들을 실행하면 당신이 되고 싶은 사람이 될 수 있을까? 꿈이 실현될 수 있을까?

록본기 힐즈에 살면서 페라리를 몰고 싶다는 꿈이 실현되는 것은 무리일 것이다. A사의 야마다 과장과 미팅을 하고 오후에 영업회의에 참석하는 것만으로는 당신의 꿈은 절대로 실현되지 않는다.

그렇다면 무엇을 수첩에 적어놓아야 꿈이 실현되는 것일까?

그것을 매일 당신이 생각했으면 한다.

그리고 무엇을 적어야 할지 떠올랐다면 바로 그 자리에서 그것을 수첩에 기록해보자. 그것은 고객을 방문하거나 회의일정과 같은 시간이 정해진 업무관계의 약속은 절대로 아닐 것이다.

그것은 읽어야 할 책이나 세미나에 참석한다거나 자격증을 취득하자는 것과 같은 자기계발의 시간일 것이다. 또는 현재의 직업에서 당신이 능력을 발휘하기 위해서 노력을 하는 시간을 기록할지도 모른다. 타인보다 두 배 많은 고객을 방문하기 위한 목표건수를 기록할지도 모른다. 아무도 생각하지 못한 기획안을 작성하기 위한 시간을 기록할지도 모른다. 그런 것들을 수첩에 적어두고 그것을 실행할 때 비로소 당신은 당신의 꿈에 한발 다가서게 된다.

서른 살부터의 우리는 업무미팅 이외의 것을 수첩에 적는 습관을 길러야 한다. 그렇지 않으면 절대로 당신의 꿈은 실현되지 않을 것이다.

위대한 수첩을 만들어라. 타의 추종을 불허하는 수첩을 만들어라. 다른 사람보다 한 권의 그 수첩을 더 갖도록 하라.

꿈을 머릿속에서 수첩으로 이동시키는 자가 반드시 이긴다.

서른과 마흔 사이

초판 1쇄 발행 2020년 12월 15일
초판 7쇄 발행 2024년 11월 30일

지은이 오구라 히로시
옮긴이 박혜령
발행인 홍경숙
발행처 위너스북

경영총괄 안경찬
기획편집 김서희, 이다현
마케팅 박미애

출판등록 2008년 5월 2일 제2008-000221호
주소 서울 마포구 토정로 222, 201호(한국출판콘텐츠센터)
주문전화 02-325-8901
팩스 02-325-8902

디자인 [★] 규
지업사 한서지업
인쇄 영신문화사

ISBN 979-11-89352-33-2 (13320)

- 책값은 뒤표지에 있습니다.
- 잘못된 책이나 파손된 책은 구입하신 서점에서 교환해 드립니다.
- 위너스북에서는 출판을 원하시는 분, 좋은 출판 아이디어를 갖고 계신 분들의 문의를 기다리고 있습니다.
  winnersbook@naver.com | tel 02) 325-8901

이 도서의 국립중앙도서관 출판예정도서목록(CIP)은 서지정보유통지원시스템 홈페이지 (http://seoji.nl.go.kr)와 국가자료공동목록시스템(http://www.nl.go.kr/kolisnet)에서 이용하실 수 있습니다. (CIP제어번호 : CIP2020046866)